HARMONIES
ARMONÍAS

Poèmes Valenciens
Poemas Valencianos

Français / Espagnol
Francés / Español

Edmond Frédéric LARGEAU
EFL

HARMONIES
ARMONÍAS

Poèmes Valenciens
Poemas Valencianos

Florilège de poésie
Florilegio de poesía

FSC
www.fsc.org
MIXTE
Papier issu
de sources
responsables
Paper from
responsible sources
FSC® C105338

Édition : BoD – Books on Demand, 12/14 rond-point
des Champs-Élysées, 75008 Paris
Impression : BoD - Books on Demand, Norderstedt,
Allemagne

Illustration couverture: dessin d'EFL du Peñon d'Ifach
au fusain et pastel
Ilustración de portada: Dibujo EFL del Peñón de Ifach
en carboncillo y pastel

ISBN : 9782322404865
Dépôt Légal : Décembre 2021

A mi madre, Juanita
Á ma mère, Jeannine

A mi familia, por su aliento
Á ma famille, pour ses encouragements

Ma poésie

Ma poésie est un discret chemin du cœur
Une sente secrète où l'émotion chemine
Où les mots se mêlent à la joie qui illumine
Afin d'offrir une musicalité qui se devine.

Ma poésie se coule au plus secret de l'âme
Si l'on sait l'écouter, elle parle un langage
Aux propos lumineux, loin de vain bavardage
Réconforte toujours qui se chauffe à sa flamme…

Mi poesía

Mi poesía es un camino discreto del corazón
Un sendero secreto donde viaja la emoción
En las que palabras se mezclan con la alegría que ilumina
Para ofrecer una musicalidad que se adivina.

Mi poesía fluye hacia lo más secreto del alma
Si sabes escucharla, habla un idioma
Con palabras luminosas, lejos de la charla vana
Siempre consuela a quien se calienta con su llama…

Peñon d'Ifach

Rombelle, Poésie du XXI

Quand le Peñon s'épanouit dans la brume
Et la mer se savonne, blanchie d'écumes
Au vent l'air gémit, les nuages fument
La grisaille rit sur ses flancs qui s'allument

Comme la brumaille déplie son amertume
Octobre dépérit sur les bois de grume
Quand le Peñon s'épanouit dans la brume
Et la mer se savonne, blanchie d'écumes

A l'heure chérie où le ciel s'enrhume
Calpe se botillonne, fleurit son bitume
Et la mer se savonne, blanchie d'écumes
Quand le Peñon s'évanouit dans la brume

Et lorsque finit la moisson des agrumes
Aux heures bénies, fleurit la commune
Chrétiens et Maures réunis de coutume
Le défilé se décore de costumes et plumes

Et la mer se savonne, blanchie d'écumes
Quand le Peñon s'évanouit dans la brume…

Peñón de Ifach

Rombella, Poesía del siglo XXI

Cuando el Peñón se desarrolla en las brumas
Y el mar se enjabona, blanqueado de espumas
Al viento el aire gime, las nubes humean
La grisalla ríe en sus flancos que se alumbran

Como la llovizna despliega su amargura
Octubre en las maderas en rollos se desmejora
Cuando el Peñón se desarrolla a en las brumas
Y el mar se enjabona, blanqueado de espumas

En la hora querida donde se resfría el cielo
Calpe ubica el botellón, florece su suelo
Y el mar se enjabona, blanqueado de espumas
Cuando el Peñón se difumina en las brumas

Y cuando se acaba la cosecha de agrios
A las horas benditas, florecen las comunas
Reunidos juntos Moros y Cristianos
El desfile se decora de trajes y plumas

Y el mar se enjabona, blanqueado de espumas
Cuando el Peñón se difumina en las brumas...

Soleil Mangue

Un Soleil mangue
Vomit tout son sang
Et dans sa gangue
Ondoie l'océan

Comme un mustang
Au jour galopant
L'albe *Spatangue
Rougeoie l'océan

Devenu pourpre
L'amour exsangue
Sue et s'empourpre
D'un cœur qui tangue

Et dans sa gangue
L'infini naissant
Au soleil mangue
Flamboie l'océan...

Spatangue : oursin pourpre (Echinoderme)

Sol Mango

Un sol mango
Vomita toda su sangre
Y en su ganga
Ondea el océano

Como un mustango
El día del galope
El *Spatangue alba
Enrojece el océano

En púrpura se convertido
El amor exangüe
Suda y se empurpura
Con un cogollo que cabecea

Y al sol mango
El infinito naciente
En su ganga
Llamea el océano...

Spatangue : Erizo de corazón púrpura (Equinodermo)

Crépuscule aux Salinas

Quant au crépuscule l'automne calque
D'éternelles couleurs tombant sur le lac
C'est toute la magie qui déambule
Parmi les ramures et les lenticules

Là, l'œil admire l'œuvre du zodiaque
Les astres sillonnant au sommet d'Ifach
Le ballet des feuilles sur les plumules
Parmi les lueurs qui sur l'eau ondulent

Aux Salinas, les flamands sont trop pâles
Comme noyé sous le voile d'un châle
Rosit alors par les rayons déclinants

Là, l'esprit goûte au nectar du bonheur
Butinant du regard les mille splendeurs
Qu'offre le soir sous des soleils lancinants…

Crepúsculo a las Salinas

Cuando al crepúsculo el otoño funámbula
Entre los eternos colores cayendo en el lago
Es toda la magia que deambula
Entre las ramas y el cielo índigo

Allí, el ojo admira la obra del zodíaco
En la cima de Ifach las estrellas surcan
La corografía de las hojas al tono pardusco
Entre los destellos que en el agua ondulan

En las Salinas, los flamencos están demasiado pálidos
Como bajo el velo de unos pareos ahogados
Entonces ruboriza por los rayos declinantes

Allí, el espíritu saborea el néctar de la felicidad
Forrajeando de la mirada los mil esplendores
Que ofrece el atardecer bajo soles palpitantes...

Vivre et respire le monde

En tous lieux à chaque seconde
Vivre et respire le monde
Au chant d'aurore qui s'élève
Jusqu'au soir couché sur la grève
Vivre et respire le monde
Parmi la nature féconde

En toute saison à chaqu'heure
Vibre et respire le bonheur
Quand l'amour essaime au jardin
Et les fleurs parsèment des parfums
Vibre et respire le bonheur
En communion d'une âme sœur

En tous cieux à chaque occasion
Libre, respire la création
Quand l'esprit et rêve voyagent
Sur la beauté des paysages
Libre, respire d'admiration
Sur cette Terre d'un Bleu passion…

Vivir y respira el mundo

En cada lugar en cada segundo
Vivir y respira el mundo
Al canto del amanecer que se eleva
Hasta la noche acostado en la playa
Vivir y respira el mundo
Entre el natural espacio fecundo

En cada estación a cada hora
Vibra y respira la felicidad
Cuando en el jardín los amores enjambran
Y las fragancias de las flores espolvorean
Vibra y respira la felicidad
En comunión con el alma gemela

En cada cielo en cada ocasión
Libre, respira la creación
Cuando viajan la mente y el sueño
A través la belleza paisajística de ensueño
Libre, respira de admiración
En nuestra Tierra con un Azul pasión…

Rivage de Solitude

Un clapotis fluctue à l'ombre des fleurs
Algues sur un rocher, brun horizon en lanière
La vague s'alanguit puis repart en arrière
Et lentement frémit d'une étrange douceur

Sur un étroit sentier, l'esprit s'en va songeur
Vers cette obscurité quand sombre la lumière
Une mouette crie, au ras des flots, altière
Fuyant la solitude perdue dans la fraîcheur

Un souvenir cependant bruine sur ma joue
Le rivage du passé, telle l'image floue
Vient brunir le présent d'un vieux miroir sans tain

Sur un parfum d'embruns s'écume le silence
Une plume d'oiseau, blessée d'indifférence
Accompagne le vent vers un nouveau destin…

Orilla de Soledad

A la sombra de las flores un murmullo fluctúa
Algas en una roca, horizonte marrón en tira
La ola se languidece y luego vuelve en trasera
Y lentamente estremece con una extraña dulzura

En un camino estrecho, la mente pensando desaparece
Hacia esta oscuridad cuando la luz se oscurece
Una gaviota llora, a ras de las olas, altanera
Huyendo la soledad perdida en la frescura

Un recuerdo sin embargo llovizna en mi mejilla
La orilla del pasado, como una imagen borrosa
Viene a bruñir el presente de un viejo espejo sin estaño

En un aroma neblinoso, el silencio se espuma
Una pluma de pájaro, herida de indiferencia
Acompaña el viento hacia un nuevo destino…

Poésie pour Nuages

Une poésie pour les nuages
Qui à pas de loup voyage
Quelques boules de coton
Comme tendres caméléons
Entre ciels et mers du globe
Toute une fantaisie les englobe

Une poésie pour les nuages
Qui à pas de géants voyage
Vers le Sud ou au Nord, ils vont
Selon le souffle léger du vent
D'où qu'il souffle, doucement
Les nuages viennent et s'en vont

Une poésie pour les nuages
Qui entre les ailes d'oiseaux voyage
Parmi les ballets d'étourneaux
Ils migrent comme des oiseaux
De toute part, sous tout horizon
Au-dessus d'un val ou d'un mont

Une poésie pour les nuages
Qui coulant sur les vitrées voyage
Parfois, ils pleurent ses artistes
Par gouttes, par larmes tristes
Comme une éponge qui plisse
Dans l'air, qu'une mélodie tisse

Une poésie pour les nuages
Qui d'Est en Ouest voyage
Comme les ballons colorés
Aux milles cieux désordonnés
Multicolores, blancs ou nuit
Comme l'amour qui éblouit

Poesía para Nubes

Para las nubes una poesía
Que viaje por pasito lobo
Unas blancas bolas de algodón
Como un blandito camaleón
Entre cielos y mares del globo
Que les engloba toda fantasía

Una poesía para las nubes
Que viaje por pasos gigantes
Hacia el Sur o al Norte, se llevan
Según el aliento ligero del viento
De dónde que sople, despacito
Las nubes sombras vienen y se van

Una poesía para las nubes
Que viaje entre las alas aves
Entre las murmuraciones estorninos
Migran como los pájaros matutinos
Por toda parte en cualquier horizonte
Por encima de la valle o monte

Para las nubes una poesía
Que viaje fluyendo en los cristales
A veces, lloran como las artistas
Por lágrimas tristes, por goterones
Como una esponja que arrugas
En el aire, que teje una melodía

Una poesía para las nubes
Que viaje del Este al Oeste
Como los balones de colores
Entre mil fantasías desordenadas
Blancos o de noche, multicolores
Como el amor que deslumbras

Une poésie pour les nuages
Qui dans la joie céleste voyage
Ils fleurissent comme les fleurs
Comme l'amour dans les cœurs
Ou disparaissent d'un seul coup
Et je ne saurai jamais, jusqu'où

Une poésie pour les nuages
Qui dans une harmonie voyage
Ô nuage orphelin toujours et encore
Qui valse entre la rime à éclore
A travers le rythme, à travers ce poème
Ô nuages, c'est dire combien, je vous aime…

Para las nubes, una poesía
Que viaje entre la celeste alegría
Florecen como las flores
Como el cariño en los corazones
O desaparecen de un golpe
Y nunca no sabré hasta dónde

Para las nubes, una poesía
Que viaje en una armonía
Ô para siempre nube guacho
Que nace a la luz y valsa entre la rima
A través el ritmo, a través este poema
Ô nubes, es decir cómo, te quiero mucho…

Au Rincón de Alba

Chanson

Du côté de Calpé, au Rincón de Alba
Où à l'unisson règnent deux cœurs
Unis, Antonio et Josépha
Sont là pour toujours d'ailleurs

Où l'air des bulerias s'évapore en chœur
Parfume, comme la mélodie du bonheur
Où l'air des bulerias s'évapore en chœur
Parfume, comme la mélodie du bonheur

Du côté, au Rincón de Alba
Un Café-restaurant à Calpé
S'entend le divin rire de Josépha
Sonore chant harpé

Qui glissent entre les plats avec harmonie
Comme cœur en émoi, palpitante poésie
Qui glissent entre les plats avec harmonie
Comme cœur en émoi, palpitante poésie

Entre toutes, les meilleures paëllas
Aux florales senteurs
S'ente le rire divin de Josépha
Sonore rire enchanteur

Qui glisse parmi les nombreux clients
Dévorant rations à pleines dents
Qui glisse parmi les nombreux clients
Dévorant rations à pleines dents

Parmi mille mets délicats
Serpentent les fragrances écharpées
S'entend le divin rire de Josépha
Sonore chanson échappée

En el Rincón de Alba

Canción

Por el lado de Calpe, en el Rincón de Alba
Donde dos corazones al unísono reinan
Unidos, Antonio y Josefa
Allí para siempre por parte están

Donde el aire bulerías en coro se evapora
Perfuma, como el sonido de la música
Donde el aire bulerías en coro se evapora
Perfuma, como el sonido de la música

Por el lado, en el Rincón de Alba
En Calpe un Restaurante cafetería
Se escucha la divina risa de Josefa
Sonora canción harpada

Que desliza entre los platos con armonía
Como corazón en sobresaltado, palpitante poesía
Que desliza entre los platos con armonía
Como corazón en sobresaltado, palpitante poesía

Entre todas las paellas, las mejores
A las fragancias florales
Se injerta la risa divina de Josefa
Encantadora risa sonora

Que desliza entre los numerosos clientes
Consumiendo raciones a llenas dientes
Que desliza entre los numerosos clientes
Consumiendo raciones a llenas dientes

Entre mil sabrosas delicias
Serpentean las espiraladas fragancias
Se escucha la divina risa de Josefa
Sonora canción escapada

Qui glisse entre chaises et tables
Avec une parfaite grâce lisse, inimitable
Qui glisse entre chaises et tables
Avec une parfaite grâce lisse, inimitable

Entre toasts et cafés liégeois
S'ente un hymne à la joie
S'entend le divin rire de Josépha
Sonore rire en clef de fa

Qui glisse comme une chanson
A chaque heure, à chaque saison
Qui glisse comme une chanson
A chaque heure, à chaque saison

Du côté de Calpé, au Rincón de Alba
Où à l'unisson règnent deux amours
Unis, Antonio et Josépha
Seront là encore et pour toujours…

Que entre mesas y sillas desliza
Inimitable, con una perfecta gracia lisa
Que entre mesas y sillas desliza
Inimitable, con una perfecta gracia lisa

Entre brindis y cafés de Lieja
Se injerta un himno a la alegría
Se escucha la divina risa de Josefa
Sonora risa a la tonalidad de fa

Que desliza como una canción
En cada momento, en cada estación
Que desliza como una canción
En cada momento, en cada estación

Por el lado de Calpe, en el Rincón del Alba
Donde dos amores al unísono reinan
Unidos, Antonio y Josefa
Allí todavía y para siempre estarán…

Les Fallas de Valence et d'Alicante

Rondeau Jumelé dit Perpétuel

Dans les flammes de l'amour, aux Fallas d'Alicante
Circule un feu de passion, qui danse et qui chante
Une bulle en éruption, d'une foule qui serpente
Entre oriflammes d'un jour, à la Créma fascinante

Dans les flammes de l'amour, aux Fallas d'Alicante
S'entent les baisers volés d'un volcan de réjouissances
Où les galantes d'atours noctambulent en abondance
Dans les flammes de l'amour, aux Fallas d'Alicante

Circule un feu de passion, qui danse et qui chante
A la Vierge des Abandonnés, volantes fleurs girandes
Aux cierges illuminés, en l'honneur d'une offrande
Circule un feu de passion, qui danse et qui chante

Une bulle en éruption, d'une foule qui serpente
Aux Tours de Serranos, entre la houle effervescente
Autour du Ninot, éphémères figurines luminescentes
Une bulle en éruption, d'une foule qui serpente

Entre oriflammes d'un jour, à la Créma fascinante
La Tabal et Doçaina sonnent une mélodie en cadence
La pyrotechnie de la Crida rayonne d'une flamboyance
Entre oriflammes d'un jour, à la Créma fascinante

Dans les flammes de l'amour, aux Fallas de Valence
Déambule un feu d'émotions, qui chante et qui danse
Préambule aux illuminations, du printemps qui s'avance
Qui consume l'âme d'une Tradition depuis La Renaissance

Dans les flammes de l'amour, aux Fallas de Valence…

Las Fallas en Valencia y Alicante

Rondó Gemelo dicho Perpetuo

En las llamas del amor, en las Fallas en Alicante
Circula un fuego de pasión, que baila y canta
Una burbuja en erupción, una multitud que serpentea
Entre oriflamas de un día hasta la Crema fascinante

En las llamas del amor, en las Fallas en Alicante
Se injertan los besos robados de un volcán de alegría
Donde las galantes atavías noctambulan en abundancia
En las llamas del amor, en las Fallas en Alicante

Circula un fuego de pasión, que baila y canta
La Virgen de Abandonados, volantes flores en guirnalda
Las velas encendidas en el honor de la ofrenda
Circula un fuego de pasión, que baila y canta

Una burbuja en erupción, una multitud que serpentea
En las Torres de Serranos, entre las olas efervescentes
Alrededor del Ninot, efímeras figuras luminiscentes
Una burbuja en erupción, una multitud que serpentea

Entre oriflamas de un día hasta la Crema fascinante
La Tabal y Doçaina suena una melodía en cadencia
La pirotecnia de la Crida irradia con una extravagancia
Entre oriflamas de un día hasta la Crema fascinante

En las llamas del amor, en las Fallas en Valencia
Deambula un fuego de la emoción, que canta y baila
Preámbulo a las iluminaciones, la primavera que se adelanta
Que consume ya el alma Tradición desde La Renacentista

En las llamas del amor, en las Fallas en Valencia…

Si tu n'as que l'amour

Si tu n'as plus qu'un nom pour croire encore en l'homme
Serre-le dans ton cœur comme un bien précieux
Dans l'effrayant chaos dont nous faisons la somme
Lui seul te portera jusqu'aux portes des cieux

Si tu n'as plus qu'un sourire à offrir sur la terre
Même s'il est mouillé de larmes, donne-le
Il ira consoler quelque cœur de-ci delà, solitaire
Et glissera dans le ciel gris un peu de bleu

Si tu n'as qu'un seul chant pourvu qu'il soit sincère
Couche-le pour ceux-là qui savent encore écouter
Il s'en ira bercer plus d'un enfant sans mère
L'amour gagne celui qui souffre de douter

Si tu n'as qu'un soupir et le dernier peut-être
Laisse-le s'exhaler sans crainte et confiant
Avec ta conscience, douce âme, tu peux renaître
Il suffit de remettre à Dieu ton cœur d'enfant…

Si sólo tuvieras el amor

Si sólo tuvieras un nombre para creer en el hombre todavía
Mantenlo en tu corazón como una posesión preciosa
En el caos espantoso que estamos resumiendo
Él solo te llevará a las puertas del cielo

Si sólo tuvieras una sonrisa que ofrecer en la tierra
Incluso si está mojado con lágrimas, regálalo
Irá a consolar algún corazón solitario, aquí y allá
Y un poco de azul se deslizará en el cielo grisáceo

Si sólo tuvieras una canción siempre que sea sincera
Déjalo para aquellos que todavía saben escuchar
Más de un niño sin madre se irá
El amor gana al que sufre de dudar

Si sólo tuvieras un suspiro y tal vez el último
Déjalo exhalar sin miedo y con confianza
Pudieras renacer, alma dulce, con tu conciencia
Sólo tuvieras que entregar a Dios tu corazón de niño...

L'âme d'un printemps

A ma mère, Jeannine

Cette odeur de lilas se perd au travers de ton rire
Et flotte sur mon plaisir comme un air de printemps
Alors que le grand froid mord et grince des dents
Et que l'hiver dans un râle de glace expire

Janvier, le vieux bougon manifeste son ire
En frisant l'herbe folle au gel étincelant
La rosée s'est figée comme un pur diamant
Et le givre aux carreaux met l'acanthe en délire

Mais je sais que ton âme a donné le signal
Et que dans le ciel pur, la musique du bal
Accorde au "la" du jour ses cordes et ses cuivres

Déjà la tendre violette a inondé le vert talus
Et le merle, le beau merle noir qui s'était tu
Ayant bu du soleil d'Espagne, en revient ivre...

El alma de una primavera

A mi madre, Juanita

A través de tu risa este olor de lila se pierde
Y sobre mi placer flota como un aire de primavera
Mientras que el gran frío rechine los dientes y muerde
Y que el invierno con un estertor de hielo expira

Enero manifiesta su ira como un viejo gruñón
Frisando la helada que centella en el césped guasón
Se solidificó tal como puros diamantes, el rocío
Y la escarcha a los cristales echa el acanto en delirio

Pero yo sé que tu alma dio varias señales
Y que la música del baile en el puro cielo
Acuerda el "La" del día sus cuerdas y sus cobres

Ya la blanda violeta inundó el talud verde con brío
Y el mirlo negro que se era callado, el bonito mirlo
Habiendo bebido del sol de España, vuelve de nuevo ebrio…

Juste une rose pour toi Maman

Juste une rose qui naquit doucement
Sous un ciel rose pour toi maman
Aux douces aurores arrosée de pluie
Dans un doux décor aux sels de la vie

Juste une rose qui grandit lentement
Pas encore éclose pour toi maman
Pour qu'à son éveil comme une merveille
Ses pétales vermeils étincellent au soleil

Juste une rose qui s'épanouit tranquillement
Et se métamorphose pour toi maman
Du bouton à la floraison qui berce l'horizon
Dans l'air d'une chanson que rythme la saison

Juste une rose aux arômes charmants
Dans ce vase rose, cueillie pour toi maman
Un refrain gazouille et chatouille ton cœur
Comme cette fleur qui t'emplit de bonheur

Juste une rose qui frémit tendrement
Et dont l'éclat s'expose pour toi maman
Dans un soliflore en ce merveilleux jour
Comme un trésor offert avec amour

Juste une rose givrée qui porte ton nom à jamais
Quand fleurit Dame JanineRose dans l'aube de mai
C'est l'âme d'enfant en fête qui souhaite grandiose
Une «Bonne fête maman» que clame juste une rose…

Sólo una rosa para ti Mamá

Sólo una rosa que nació poco a poco
Bajo un cielo color rosa para ti mamá
Bañada por la lluvia en el albor franco
A las sales de vida en un suave panorama

Sólo una rosa que crece lentamente
Aún no abierta para ti mamá el regalo
A su despertar como un abanico del arte
En el sol chispea su bermejo pétalo

Sólo una rosa que florea tranquilamente
Y se metamorfosea para ti mamá
Del botón a la floración que mece el horizonte
En el aire de una canción que la temporada ritma

Sólo una rosa con el aroma del alborozo
Recogido para ti mamá en este fabuloso jarrón
Un estribillo gorjea y cosquillea en tu corazón
Como esta flor que te henchirá de gozo

Sólo una rosa que se estremece con ternura
Para ti mamá y donde se expone el fulgor
En un florero en este día que perdura
Como un tesoro ofrecido con amor

Sólo una rosa helada que lleva tu nombre para siempre
Cuando en el alba de mayo Doña JuanitaRosa florece
Es el alma de niño que desea una fiesta grandiosa
Un "Feliz Día de la Madre" que clama sólo una rosa...

Chanson du battoir

Jadis mère grand descendait le chemin caillouteux
Qui menait à la rivière en poussant sa brouette
Et claquait ses sabots et brillait sa bonnette
Dans le vent matinal taquinant ses cheveux

Près du lavoir déjà, les nénuphars frileux
Ouvraient sous les rayons leurs pétales de marionnettes
Et l'eau verte sans plis acceptait multitudes fleurettes
Pour le ballet d'amour et la clarté des jeux

Eugénie poursuivait son rêve dans la brume
Et faisait flotter le drap au hasard de l'écume
Entre ses doigts rougis la toile prenait essor

Comme un feuillet qui tendit sa blancheur au poème
Et l'écho du sentier su rechanter aux branches d'or
Cette chanson du battoir sur la lessive blême…

Canción del lavadero

Antaño mi bisabuela bajó el pedregoso camino
Empujando su carretilla que llevó al río
Castañetearon sus zuecos y su bonete brilló
En sus cabellos que burló el viento matutino

Cerca del lavadero ya las frioleras nenúfares
De sus pétalos de marioneta se abrieron bajo los rayos
Y el verde agua sin pliegue aceptó multitud de floretes
Para el ballet del amor y la claridad de los arroyos

Eugenia estaba persiguiendo su sueño en la niebla
Y hacía flotar la sabana al azar de la espuma
Entre sus dedos enrojecidos tomaba el vuelo, la tela

Como un folio que tendió su blancura al poema
Y el eco del sendero supo cantar a las ramas de oro
En la lejía pálida esta canción del lavadero...

Des vers en toile de fond

Lorsque le vent caresse une douce fragrance
Mon espoir doucement revêt un bonheur immense
Le poète évoque souvent des vers de réjouissance
Quand la nature offre sa florissante exubérance

Mon espoir doucement revêt un bonheur immense
Pour calmer le chagrin des élans de mon âme
Quand la nature offre sa florissante exubérance
Chaque rêveur perçoit l'essence d'une flamme

Pour calmer le chagrin des élans de mon âme
J'ai besoin d'exprimer un désir si profond
Chaque rêveur perçoit l'essence d'une flamme
Semant dans un poème une toile de fond

J'ai besoin d'exprimer un désir si profond
Lorsque le vent caresse une douce fragrance
Semant dans un poème une toile de fond
Le poète évoque souvent des vers de réjouissance...

Versos como telón de fondo

Cuando el viento acaricia una dulce fragancia
Mi esperanza despacito adopta una felicidad inmensa
El poeta evoca a veces versos de alegría
Cuando la naturaleza ofrece su floreciente exuberancia

Mi esperanza despacito adopta una felicidad inmensa
Para calmar el dolor de los impulsos de mi alma
Cuando la naturaleza ofrece su floreciente exuberancia
Cada soñador percibe la esencia de una llama

Para calmar el dolor de los impulsos de mi alma
Necesito expresar un deseo tan profundo
Cada soñador percibe la esencia de una llama
Sembrando en un poema un telón de fondo

Necesito expresar un deseo tan profundo
Cuando el viento acaricia una dulce fragancia
Sembrando en un poema un telón de fondo
El poeta evoca a veces versos de alegría...

À tire-d'aile, les hirondelles

Villanelle

Par vague, les hirondelles
Clament le printemps sur terre
À tire-cri, à tire-d'aile

Elles glissent sur la nouvelle
Et trissent de bonheur les airs
Par vague les hirondelles

Portent le printemps en elles
En fidèles messagères
À tire-cri, à tire d'aile

Entre les édredons du ciel
Elles volent sur la lumière
Par vague les hirondelles

Tissent d'aériens carrousels
Éphémères tels les éclairs
À tire-cri, à tire d'aile

En un mouvement perpétuel
Dans l'harmonie des éthers
Par vague les hirondelles
Sèment le printemps sur terre
À tire-cri, à tire d'aile…

Por tirón de ala, las golondrinas

Villanella

Las golondrinas, por ola
Siembran la primavera en los aires
A tirón grito, a tirón de ala

Se deslizan en el ambiente
Y trinan de felicidad en el corriente
Las golondrinas, por ola

Llevan en ellas la primavera
En fiel mensajera
A tirón grito, a tirón de ala

En el cielo entre los edredones
Vuelan entre luces y corazones
Las golondrinas, por ola

Tejen aéreos carruseles
Efímeros como rayos breves
A tirón grito, a tirón de ala

En movimiento perpetuo
En la sinfonía de los éteres
Las golondrinas, por ola
Enjambran la primavera en los aires
A tirón grito, a tirón de ala...

L'Aigle d'Isidore

Coruscante dans les franges de brume
L'aube jaillit derrière la colline
Luisante sur des trainées ivoirines
Lorsque surgit un aigle des lucumes

Glissant sur le nouveau jour qui s'allume
Des cieux, scrutant vallées et collines
Ailes déployées, il plane, chemine
Ou flâne aux sommets coiffés d'écumes

Soudain ce chasseur ailé fond promptement
Sur un chevreau broutant des lupulines
Et repart aussitôt vers le firmament

Ondoyant dans la brise cristalline
L'aigle victorieux fit un glatissement
Puis disparut derrière la colline...

El águila de Isidoro

Coruscante en las franjas de la calima
El amanecer brota detrás de la colina
Reluciente en estelas marfileñas
Cuando surge un águila de las lúcumas

Deslizándose en el nuevo día que se ilumina
Desde los cielos, escudriñando valles y colinas
Las alas se extienden, planea, camina
U holgazanea por las cumbres coronadas de espumas

De repente, rápidamente se abalanza este cazador alado
Sobre un cabrito paciendo lupulinos
E de inmediato se va hacia el firmamento

Ondeando en la brisa cristalina
El águila triunfante hizo un aullido
Luego desapareció detrás de la colina...

L'hymne des cygnes mélancoliques

L'hymne des cygnes mélancoliques
Traces blanchâtres sur l'horizon noir
Font claquer leurs becs faméliques
Pour scander les rythmes du soir

Sous un grand soleil au désespoir
L'hymne des cygnes mélancoliques
Traces blanchâtres sur l'horizon noir
Trompettent vers des rayons obliques

Un chant aux flûtes métalliques
Hier transposant en son vague miroir
La mare du jour qui vient de déchoir
Où luisent les dernières reliques

Des cygnes trompettes mélancoliques…

El himno de los cisnes melancólicos

El himno de los cisnes melancólicos
Marcas blanquecinas en el oscuro horizonte
Hacen castañetas sus picos famélicos
Para escandir los ritmos de la noche

Bajo un gran sol que esta desesperante
El himno de los cisnes melancólicos
Marcas blanquecinas en el oscuro horizonte
Trompetean hacia los rayos oblicuos

A las flautas metálicas una melodía
Transportando en su vago espejo ayer
La charca del día que vino decaer
Donde relucieron las últimas reliquias

De los cisnes trompeteros melancólicos...

Canaris des Iles des Canaries

Oiselets de tous pays, Canaris de l'île bohème
Serins d'une nouvelle patrie, ici, on vous aime...

Là-bas, aux îles canaries, les îles de la luminosité
Naissent les oiselets, aussi jauni qu'un citron canarien
Promesse de canaris qui volent en totale liberté
De la dune à la lagune, entre bananiers et ravins

Naissent les oiselets au nid, aussi jauni qu'un soleil serin
Qui sifflent des arpèges, des mélodies de toute beauté
De la dune à la lagune, entre bananiers et ravins
Où ondulent les eaux cristallines entre les rochers

Qui sifflent les arpèges, des mélopées de toute beauté
Virevoltant comme flocon de neige vers les sommets sereins
Où ondulent les eaux cristallines entre les rochers
Parmi les murmures des muses drapées du matin

Virevoltant comme flocons de neige aux sommets sereins
Sous un florilège constellé d'étoiles de Cassiopée
Parmi les murmures des alizés drapés du matin
Là-bas, aux îles canaries, les îles isolées, harpées de gaité

Serins d'une nouvelle patrie, ici, on vous aime
Oiselets de tous pays, Canaris de l'île bohème...

Canarios Islas Canarias

Pajarillos de todos países, canarios de la isla bohemia
Canarios a una nueva patria, te amamos acá...

Allí, en las Islas Canarias, las islas de la luminosidad
Nacen los pajarillos, como amarillento como limones canarios
Promesa de canarios que vuelan en total libertad
La duna a la laguna, entre plátanos y precipicios

Nacen en nido los pajarillos, como amarillento como soles canarios
Que silban arpegios, melodías tantas bellezas
La duna a la laguna, entre plátanos y precipicios
Dónde ondulan las aguas cristalinas entre las rocas

Que silban arpegios, melopeas tantas bellezas
Girando como copo de nieve hacia las montes serenas
Dónde ondulan las aguas cristalinas entre las rocas
Entre los susurros musas sabaneadas de las mañanas

Zigzagueando como copos de nieve hacia las cumbres serenas
Bajo un florilegio tachonado con estrellas de Casiopea
Entre los susurros alisios sabaneados de las mañanas
Allí, en Islas Canarias, las islas aisladas, harpadas de alegría

Canarios a una nueva patria, te amamos acá...
Pajarillos de todos países, canarios de la isla bohemia

Au Carrousel des Martinets

Rondeau Jumelé dit Perpétuel

Les martinets, minuscules volatiles carbonés et gringalets
Avec leurs ailes cendrées, petites faux couleur geai
Dessinent des carrousels, des ballets dans l'alizé frais
Entre faïence d'aurore et corail du crépuscule nacré

Les martinets, jeunes volatiles carbonés et gringalets
Virevoltent au-dessus des laies, au-delà des baies
Désinvoltes, enchantés, en écumant les océanes lais
Les martinets, jeunes volatiles carbonés et gringalets

Avec leurs ailes cendrées, petites faux couleur geai
Qui fendent l'air azuré, de chants aux vibrants sifflets
Becs ouverts, jamais rassasiés, écumant le ciel chaluté
Avec leurs ailes cendrées, petites faux couleur geai

Dessinent des carrousels, des ballets dans l'alizé frais
Des fines figurines légères, éphémères rondes effrénées
D'ombres et de lumières, aux innombrables reflets moirés
Dessinent des carrousels, des ballets dans l'alizé frais

Entre faïence d'aurore et corail du crépuscule nacré
Les martinets, éternels globe-volants, au-delà des haies
Trissent, à l'éternité étoilée, une symphonie à jamais
Entre faïence d'aurore et corail du crépuscule nacré

Les vifs martinets, fluets oiselets anthracite et charbonnés
Illuminent de spinelles candites, les éthers nuages de craie
Ivres de vitesse, de liberté, d'immensité et d'éternelles paix
Entre faïences des aurores et coraux des crépuscules nacrés

Les vifs martinets, fluets oiselets anthracite et charbonnés
Entre faïences des aurores et coraux des crépuscules nacrés…

Carrusel de los vencejos

Rondó Gemelo dicho Perpetuo

Los vencejos, minúsculos volátiles alfeñiques y carbonos
Con sus alas cenicientas, pequeñas guadañas color arrendajo
Dibujan carruseles, ballets en el viento alisios frescos
Entre loza de aurora y coral del crepúsculo nacarado

Los vencejos, minúsculos volátiles carbonos y alfeñiques
Revolotean arriba las sendas, más allá de las bayas
Desenvueltos, encantados, espumando las preplayas
Los vencejos, minúsculos volátiles carbonos y alfeñiques

Con sus alas cenicientas, pequeñas guadañas color arrendajo
Que hienden el aire azulado, cantos a silbidos vibrantes
Pico abierto, jamás hartados, espumando el cielo arrastre
Con sus alas cenicientas, pequeñas guadañas color arrendajo

Dibujan carruseles, ballets en el viento alisios frescos
Finas figurillas ligeras, efímeras frenéticas redondas
Sombras y luces, innumerables vislumbres tornasoladas
Dibujan carruseles, ballets en el viento alisios frescos

Entre loza de aurora y coral del crepúsculo nacarado
Los vencejos, eternos volaglobos más allá de las coberturas
Trisan, para siempre una sinfonía a las eternidades estrelladas
Entre loza de aurora y coral del crepúsculo nacarado

Los vencejos vivaces, ahilados pajarillos antracitas y carbónidos
Iluminan espinelas tenebrosas, les éteres nubes de tiza
Beodas de velocidad, libertad, inmensidad y paz eterna
Entre lozas auroras y corales crepúsculos nacarados

Los vencejos vivaces, ahilados pajarillos antracitas et carbónidos
Entre lozas auroras y corales crepúsculos nacarados…

Rêve d'Infini

L'harmonieux crépuscule tombe
Les heures délices s'envolent
Comme les oiseaux survolent
Dans l'infini d'un ciel colombe

La nuit silencieuse arrive
Illuminant un radieux sentier
Une étoile luit sur la rive
Et l'Alpha et l'Oméga sont noyés

Le matin fait son entrée
Et me prête une seconde
Pour changer le réel en monde
En une claire fanfare feutrée

Ce que j'attends tant et tant
Se poursuit sur un champ infini
Et du paradis descend l'amour béni
Comme un violoncelle et son chant…

…Sur la Terre comme au ciel Lazuli ...

Sueño de Infinito

Cae el harmonioso crepúsculo
Las delicias horas se vuelan
Como las aves sobrevuelan
En el infinito de palomas cielo

La silenciosa noche llega
Iluminando un radiante sendero
En la orilla luce un lucero
Y son esbozados el Alfa y el Omega

La mañana hace su entrega
Y me presta un segundo
Por cambiar el real en mundo
Con fieltro la clara charanga

Lo que tan y tanto anhelo
Se persigue en un infinito ámbito
Y del paraíso baja el amor bendito
Por el canto de un violonchelo…

…En la Tierra como en el cielo Azulado...

Ma Joie Tenace

Ma joie est comme un épi sonore
Que ne peuvent briser les Autans
Malgré l'orage savant et fort
Mon amour ouvre sa grâce aux vents

J'aime le *bleu Eféléen, la vie et l'espace
Le jeu savant des nuages mouvants
Ma joie est comme un épi résistant et tenace
Que ne peut briser le souffle persistant du vent

Jour après jour mon destin brasse
L'avenir qui monte et descend
Parfois mainte la goutte de sang
Rougit vos yeux et votre face

Car la boite de Pandore en moi est vivace
Et la Terre s'ouvrira à un paradis permanent
Ma joie est comme un épi résistant et tenace
Que ne peut briser le souffle du vent persistant…

*bleu Eféléen : bleu acier avec reflets

Mi Alegría Tenaz

Mi alegría es como una espiga sonora
Que no pueden romper los Austros
A pesar de la tormenta erudita y vigorizadora
Mi amor abre su gracia a los vientos

Me encanta el *Efelano azul, la vida y el ámbito
El inteligente juego de las nubes en movimiento
Mi alegría es como una espiga tenaz y resistente
Que no puede romper el aliento del viento persistente

Día tras día mi destino elabora
El futuro que sube y baja
A veces la gota de sangre ahora
Roja tus ojos y tu cara

Porque la caja de Pandora en mí es vivaz
Y en la Tierra se abrirá a un paraíso permanente
Mi alegría es como una espiga resistente y tenaz
Que no puede romper el aliento del viento persistente…

*Efelano azul: Azul acero con reflejos

Pastel Arc en Ciel

Jeter l'encre pastel
Comme cascatelle
Et livrer sur l'autel
Un ruban de listel

Où s'arquent les couleurs
Irisé de fraîcheur
Ondée aux mille pleurs
Que marque la candeur

Jeter l'encre pastel
Entre pluie et soleil
Aux arcs des ételles
Brillent des merveilles

Au prisme des lueurs
Artificiel leurre
Se bracèle l'heure
Sur l'isthme de douceur

Jeter l'encre pastel
Vers Lazuli du ciel
L'infini s'attèle
A peindre l'essentiel

Et toutes les couleurs
S'égouttent sur les fleurs
Et s'étend la splendeur
Au printemps du bonheur

Jeter l'encre pastel
Au dive papier ciel
Un ruban de listel
Avive l'Arc en ciel…

Pastel Arco Iris

Tirar la tinta pastel
Como cascadilla al azar
Y entregar en el altar
Una cinta de listel

Dónde los colores se arquean
Irisado de frescor
Entre aguaceros que lloran
Que marca el candor

Tirar la tinta pastel
A los arcos sombrillas
Brillan maravillas
Entre lluvia y sol miel

A través del prisma luces
Se curva a la hora
Los señuelos artificiales
En el istmo de dulzura

Tirar la tinta pastel
Hacia Lázuli del cielo
Se pinta el azulejo
En el infinito cóctel

Y todos los colores
A la primavera beatitud
Gotean en las flores
Y alarga la plenitud

Tirar la tinta pastel
Al cielo de plumetis
Una cinta de listel
Aviva el Arco iris...

Avant d'être un Nom

Avant d'être un nom que furent donc les roses
Furent-elles gorgées du secret des choses
Qui sont nées pendant l'éblouissement
D'étoiles laquées ou d'astres au firmament

Juste un nom qu'un temps sec poudroie
Le torrent des ans l'entraîne sans voix
Dans le tourbillon des grisantes mémoires
Des pages tournées d'un obscur grimoire

Avant d'être un nom que fut donc l'énergie
Fut-elle une lumière née en une distante galaxie
Comme les idées font d'un amas de la poésie
Qui illuminent l'horizon sans limite de l'infini

Juste un nom qu'un bonheur avait promis
Qui dans les nuées s'est trop tôt enfui
Laissant des souvenirs à mon cœur percé
Autant que d'échos palpitants au vent effréné

Avant d'être un nom que fut donc l'amour
Fut-il ce baiser doucement déposé un jour
Avec ardeur comme un pétale de roses fleuries
Qui éblouit pour toujours les rives de ma nuit...

Antes de ser un Nombre

Antes de ser un nombre que fueron las rosas
Cómo fueron hartadas del secreto de las cosas
Que nacieron durante el deslumbramiento
Estrellas lacadas o astros en el firmamento

Sólo un nombre que empolva un tiempo seco
El torrente de los años lleva sin palabras
En el torbellino de las memorias embriagadoras
Páginas torneadas en un oscuro libro mágico

Antes de ser un nombre que fue la energía
Fue una luz nacida en una galaxia distante
Como las ideas hacen un montón de poesía
Que iluminan la frontera del infinito incandescente

Sólo un nombre que una felicidad prometió
En las nubes demasiado pronto que se huyó
Dejando recuerdos a mi corazón traspasado
Tan como los ecos palpitantes en el viento agostado

Antes de ser un nombre que fue el amor
Fue este beso suavemente regalado un día
Como un pétalo de rosas floridas con ardor
Que deslumbra las orillas de mi noche por todavía…

Au vol vernal des heures

Les encens qui fuient en de subtils arômes
Caressent la prairie sous l'éther rubescent
Se répandent dans l'air au soleil fléchissant
Avec tendresse quand mes sens sont polychromes

Au vol vernal des heures, de suaves psaumes
Orchestrent un printemps de sons s'enrichissant
De friselis feutrés au soir rafraîchissant
Quand s'atténuent les tons et obombrent les chaumes

Aquarelles nacrées, paysages fleuris
Fascinants trésors d'une nature bénie
Mon âme au porche du renouveau s'éveille

Aussi chaud qu'un baiser, l'effleurement du vent
Poétique présent, qui me ceint sous la treille
Peuple ma félicité de calices connivents…

En el vernal vuelo de las horas

En sutiles aromas se huyen los inciensos
Acarician el prado bajo el éter rubescente
Se esparcen en el aire en el sol poniente
Con terneza cuando mis sentidos son policromados

En el vernal vuelo de las horas, salmos suaves
Orquestan un manantial de sonidos enriquecedores
Hasta la refrescante noche de frisos enguatados
Cuando se desvanecen los tonos y oscurecen los bálagos

Acuarelas nacaradas, paisajes florecientes
Fascinantes tesoros de una naturaleza bendita
Mi alma en el portal de la renovación despierta

Tan caliente como un beso, el roce del viento
Que me envuelve bajo la parra, regalo poético
Puebla mi felicidad de cálices conniventes…

Des mots pour pinceaux

L'artiste aux mots pour pinceaux
Dépose des parfums sur des lignes
La terre et le vent s'esbignent
Pour offrir le meilleur et le beau

A la terre il prend les chemins
Les tournoie pour les faire refrains
Qui s'en vont sinueux et profonds
Vers l'azur enchanter les horizons

Dans le vent il prend des couleurs
Les pose une à une sur les heures
Pour en faire un tableau gigantesque
Où brillent toutes les arabesques

Palabras para pinceles

Con palabras para pinceles, artistas
Dejan perfumes en líneas
Se huyen los vientos y las tierras
Para ofrecer lo mejor y lo hermoso

A la tierra toman los caminos pedregosos
Que se arremolinan para hacerlos estribillos
Que van profundos y sinuosos
Hacia el azul llamear en los infinitos

En el viento toman colores primarios
Los deposita uno por uno en las horas
Para hacer gigantescas pinturas
Donde brillan una infinidad arabescos

Le foulard de Louise

Rayon d'or dans une rue grise
Au matin discret
Boule ardente au cœur de Louise
Son jardin secret

Et sur les pavés, les briques cerise
Tracé à la craie
Un petit cœur blanc semblant dire Louise
Que la pluie l'effleurait

Est-ce le vent froid au soleil levant
Qui mouille ses yeux
Ou les battements de son cœur ardent
Affolé, fiévreux

Lorsqu'a sonné l'heure sous son charmant toit
De la rue pavée
Pour cacher son cœur, un foulard de soie
Que Louise a noué…

El pañuelo de Luisa

Rayo de oro en un sendero ceniciento
En la mañana tranquila discreto
Bola ardiente en el corazón de Luisa
Su jardín secreto

Y en los adoquines, los ladrillos de cereza
Trazado con la tiza
Un pequeño corazón blanco pareciendo decir a Luisa
Que la lluvia lo tocaba

Al amanecer es el viento frío
Lo que moja sus ojos
O el latido de su corazón de fuego
Febril, angustiado

Cuando sonaba la hora bajo su encantador tejado
Desde la calle empedrada
Para ocultar su corazón, un pañuelo de seda
Que Luisa ha atado…

Aria à Eléa

Né aux prémices du dix, voici l'Aria
Voilà la fleur de Lys, à ma tendre Eléa...

Aux premières lueurs de la saison
A l'unisson, un petit cœur cogne
Balloté dans un baluchon rubicond
Palpitant aux ailes des cigognes

Né d'une rose et d'un chardon
Aux douceurs d'un ciel vigogne
Est apparu un suave ange blond
Porté par les ailes des cigognes

Aux premiers frissons d'octobre
A l'unisson, un petit cœur cogne
Palpitant dans un baluchon sobre
Dodeliner aux ailes des cigognes

Né d'un baiser et d'un Apollon
S'embrasant au-delà des trognes
Est apparu un suave ange blond
Bercé aux ailes des cigognes

Au premier bouquet en éclosion
Frisonne la vie au berceau gigogne
Une merveille au rayonnant prénom
Déposée par les ailes des cigognes

Né de l'amour, bébé d'automne
Aux senteurs d'Eau de Cologne
A vu le jour, une vie qui sonne
Rythmée aux ailes des cigognes

Né aux prémices du dix, voici l'Aria
Voilà la fleur de Lys, à ma tendre Eléa...

Aria a Elea...

Nacido a principios del diez, aquí está el Aria
Ahí está la flor de lirios, a mi cariña Elea...

En el primer semáforo de la temporada
Un pequeño corazón golpea, al unísono
Echó en un macuto rubicundo
Emocionante a las alas de la cigüeña

Nacido de una rosa y un cardo
A las dulzores de un cielo de vicuña
Apareció un dulce ángel rubio
Portada por las alas de la cigüeña

En octubre al primer escalofrío
Un pequeño corazón golpea, al unísono
Emocionante en una mochila sobria
Balancear a las alas de la cigüeña

Nacido de un beso y de un Apolo
Se abrasando más allá de las alheñas
Apareció un dulce ángel Rubio
Acunada en las alas de las cigüeñas

Al primer ramillete en floración
Se estremece la vida en el nido-cuna
Una maravilla al nombre de culminación
Presentada por las alas de la cigüeña

Nacido del amor, bebé de Otoñía
En el aroma de agua de Colonia
Vio la luz, una vida que suena
Rítmica con alas de la cigüeña

Ahí está la flor de lirios, a mi cariña Elea
Nacido a principios del diez, aquí está el Aria...

Chansonnette de printemps

Le printemps rit sur l'ample aubépine
Le beau jour ouvre son compas
La glèbe accroche à sa poitrine
Un vaste bouquet de lilas

Il pleut de l'or sur tous mes pas
Les tiédeurs se font divines
Le grand vent met une sourdine
À ses tempétueux éclats

Et l'alouette au ciel si bleu
Va dérober à la lumière
Un peu d'azur, un peu de feu

Pour les jeter à la félicité chaumière
Où l'âtre accueille ses noirs tisons
Pour en faire mille et une chansons…

Cancioncilla de primavera

La primavera ríe en el majuelo ancho
El hermoso día abre su compás
La gleba cuelga en su pecho
Un gran ramillete de lilas

Llueve oro en todos mis pasos
La tibieza se hace divina
El viento fuerte pone en sordina
A sus arranques tempestuosos

Y la alondra en el cielo tan azul
Va a robar a la luminosidad
Un poco de fuego, un poco de azul

Para tirarlos en la choza de la felicidad
Donde el hogar acoge sus tiznados tizones
Y hacer mil y una canciones...

Grains de Pollen

Villanelle

En suspension, les grains de pollen
Lors de la divine floraison
S'essaiment sur les vastes plaines

A travers les champs d'aubaine
Ils traînent, voguant à foison,
En suspension, les grains de pollen

Bercés au vent, vont et viennent
Dans toutes les directions
S'essaiment sur les vastes plaines

Profitant de la bonne aubaine
D'un phénomène, en éclosion
En suspension, les grains de pollen

Vagabondent durant des semaines
Autour du monde, tournent en rond
S'essaiment sur les vastes plaines

Au cœur des univers floribonds
En suspension, les grains de pollen
Qui errent sur le flavescent horizon
Au travers d'une moisson d'aubaine
S'essaiment sur les vastes plaines…

Granos de Polen

Villanella

Los granos de polen, en suspensión
Durante la divina floración
Se enjambran en las vastas llanuras

A través de los campos de trigo
Arrastran, navegando en profusión
Los granos de polen, en suspensión

Arrullando en el viento, van y vienen
En todas las direcciones, en desorden
Se enjambran en las vastas llanuras

Aprovechando de la ganancia inesperada
Por un fenómeno, en eclosión
Los granos de polen, en suspensión

Vagabundean por largas semanas
Corren en círculos, alrededor del mundo
Se enjambran en las vastas llanuras

En el corazón del universo floreciente
Los granos de polen, en suspensión
Que vagan por el amarillento horizonte
A través de un fenómeno, en fruición
Se enjambran en las vastas llanuras…

L'Amour de l'Automne

Un incendie de couleurs flamboie
Teinté de pourpre, d'or et de feu
Lorsque l'aurore nait sur les bois
Apparait un trésor lumineux

Teinté de pourpre, d'or et de feu
Un festival de feuilles tournoie
Apparait un décor lumineux
Au cœur des rafales qui festoient

Des pétales de feuilles tournoient
S'entrechoquant, radieux jusqu'aux cieux
Au cœur d'un idéal qui festoie
S'ente un chant d'amour merveilleux

Virevoltant, radieux jusqu'aux cieux
Plusieurs oiseaux aux ailes de soie
Chante un chant d'amour somptueux
Qui enflamme l'automne de joie

Et maints oiseaux aux ailes de soie
Teintés de pourpre, d'or et de feu
Enflamment l'automne d'autrefois
D'un exploit de couleurs qui émeut…

El Amor del Otoño

Un incendio de colores resplandece
Teñido de púrpura, oro y fuego
Cuando en el bosque la aurora nace
Aparece un tesoro luminoso

Teñido de rojizo, oro y fuego
Carnavales de hojas se arremolinan
Aparece un paisaje luminoso
En el corazón de las ráfagas que festejan

Pétalos de hojas se arremolinan
Entrechocando, radiante hasta el cielo
En el cogollo de un ideal que festeja
Se acopla un canto de amor maravilloso

Revoloteando, radiante hasta el cielo
Varios pájaros con alas de seda
Canta un canto de amor suntuoso
Que enciende el otoño de alegría

Y muchos pájaros con alas de seda
Teñidos de púrpura, oro y fuego
Encienden el otoño en abundancia
Un logro de color que arde solo…

Rêve d'Automnie

Dans les langueurs de Novembre
Une âme douce rêve d'*Automnie
L'automne court dans les bois
Dans les langueurs de Novembre
Un pinson zinzinule une mélodie
Aux douces sonorités d'autrefois
Ô tendre et douce symphonie
Comme les notes d'un hautbois
Dans les langueurs de Novembre

Dans le vent frileux de Novembre
Une âme douce rêve d'Automnie
Quand les feuilles d'ambre s'envolent
Dans le vent frileux de Novembre
S'entrechoquent les feuilles jaunies
Qui tressent des rondes folles
Ô tendre et douce symphonie
Tournoyant sous la harpe d'Eole
Dans le vent frileux de Novembre

Sous le ciel ombrageux de Novembre
Une âme douce rêve d'Automnie
Et commence à tomber la pluie
Sous le ciel ombrageux de Novembre
Les gouttes sonnent sur le tapis
Qui crisse sur un sol en agonie
Ô tendre et douce symphonie
Les sons résonnent encor'à l'infini
Sous le ciel ombrageux de Novembre

Sueño de Otoñía

En las languideces de noviembre
Un alma dulce sueña de *otoñía
El otoño corre en el bosque
En las languideces de noviembre
Un pinzón zinzinulea una melodía
A los dulces sonidos del pasado
Ô tierna y dulce Sinfonía
Como las notas de un oboe
En las languideces de noviembre

En el friolero viento de noviembre
Un alma dulce sueña de otoñía
Cuando vuelan ámbar hojas
En el friolero viento de noviembre
Chocan las hojas amarillentas
Que trenzan las redondillas locas
Ô tierna y dulce Sinfonía
Arremolinándose bajo el arpa de Eolo
En el friolero viento de noviembre

Bajo el nublado cielo de noviembre
Un alma dulce sueña de otoñía
Y comienza a caer la lluvia
Bajo el nublado cielo de noviembre
Gotas de agua tocan en la alfombra
Que cruje en un suelo en agonía
Ô tierna y dulce Sinfonía
Los sonidos resuenan hasta el infinito
Bajo el nublado cielo de noviembre

Dans les douceurs de Novembre
Une âme douce rêve d'Automnie
Et si elle rencontre une âme sœur
Dans les douceurs de Novembre
Deux êtres vibrent en harmonie
Où palpitent à l'unisson deux cœurs
Ô tendre et douce symphonie
C'est une mélodie du bonheur
Dans les douceurs de Novembre…

***Automnie** signifie mélodie d'automne

En los dulzores de noviembre
Un alma dulce sueña de otoñía
Y si encuentra un alma gemela
En los dulzores de noviembre
Dos seres vibran en armonía
Donde dos corazones palpitan al unísono
Ô tierna y dulce Sinfonía
Es un nuevo sonido de la música
En los dulzores de noviembre...

***Otoñía** significa melodía de otoño

Sonnet à Ma Maladie

Ah ! Ma vieille compagne
Ma maladie, ma douce folie
Qui au porche obscure du bagne
Depuis toujours me conduit

Eloquente souffrance
Pendante à mon vieux bras
Ô succube sentence
Infranchissable paroi

Geôlier stupide de ma bêtise
Somnole mon épique douleur
Et dans mon cerveau puise

Une moribonde odeur
Une bannière poétique
Vile, bourbeuse ou en fleur

Soneto a Mi Enfermedad

¡Ja! Mi vieja compañera
Mi dulce enfermedad, mi locura
Al portal del presidio sin luce
Desde siempre que me conduce

Sufrimiento elocuente
En mi brazo viejo pendiente
Ô súcubo braguero
Infranqueable muro

Carcelero zamuro de mi estupidez
Dormita mi herida épica
Y en mi cerebro saca

Un moribundo olor
Una bandera poética
Vil, cenagoso o en flor

Comme branches mortes

Dédié aux attentats de Las Ramblas

Comme branches mortes tels des rameaux défleuris
Où pour toujours la vie a désertée
Celles qui ne porteront jamais plus de mûrs fruits
Ni feuilles nouvelles ni fleurs parfumées

Comme branches mortes comme des branches futiles
Celles qui ne servaient à rien se croyant inutiles
Après les avoir jetées dans les brûlants sanctuaires de feu
Devinrent flux d'énergie et faisceaux lumineux

Comme branches mortes telle une ramée dénudée
Où le vivant a désertée pour toujours
Je sais qu'au cœur du feu de ton amour
Divines branches mortes seront ressuscitées...

Como ramas muertas

Dedicado a los atentados de las Ramblas

Como ramos desflorecidos tales ramas muertas
Donde para siempre han abandonado las vidas
Aquellas que llegarán nunca más maduras frutas
Sin flores fragantes o nuevas hojas

Como ramas muertas como fútiles ramas
Las que eran inútiles, creyéndose innecesarios
Tras haberlas lanzado en las llamas santuarios
Se convirtieron en flujo de energía y rayos de luz vivaz

Como ramas muertas tales ramadas desnudas
Donde para siempre ha desierto el vividor
Sé que en el corazón del fuego de tu amor
Divinas ramas muertas serán resucitadas...

La Coupe de Fruits

Sur le buffet sculpté par la main d'un ancêtre
Dans la coupe d'argent au col d'ambre rosé
J'avais dès le matin nonchalamment posé
Quelques fruits veloutés dont le parfum pénètre

Dans la douce clarté de la chambre mi-close
Les fruits pourpres et d'or mêlaient à leur couleur
L'émeraude scintillante de son feuillage en fleur
Et le tendre éclat satiné de ce vieux marbre rose

Les senteurs des fruits mûrs charmées de miel et d'ambre
S'évaporaient doucement dans les coins de la chambre
Mais dans le clair-obscur, un doux rayon de soleil

S'infiltrant délicatement sur les beaux fruits vermeils
Croyait voir refleurir dans une subtile apothéose
D'étranges et fins bouquets de pétales de roses…

La Copa de Frutas

En el buffet tallado por la mano de un antepasado
En la copa de plata con el cuello de ámbar rosa
Que tenía desde la mañana por casualidad puso
Algunas frutas aterciopeladas cuya fragancia penetra

A la luz suave de la habitación entreabierta
Las frutas púrpura y dorada se mezclaron con su color
La esmeralda brillante de su follaje en flor
Y el blando brillo satinado de este viejo mármol rosa

Los aromas de fruta madura hechizados con ámbar y miel
Se evaporaban suavemente en las esquinas del dormitorio
Donde se eclipsaba un suave rayo de sol en el claroscuro

Filtrándose suavemente en las bermejas frutas hermosas
Creía ver reflorecer en una sutil apoteosis
Extraños y finos ramos de pétalos de rosas…

Ecoute rire un brin

Ecoute rire un brin
L'eau vive et sauvageonne
Le vent froid qui bougonne
Briserait son entrain
Si la source friponne
N'avait le pied marin

Son rire clair et taquin
Au fond des bois résonne
Et ne surprend personne
Ni le soleil élégant du matin
Qui met des reflets d'automne
Sur son haillon fluent de satin

Son coquin rire cristallin
De sa lèvre luronne
Cascade et tourbillonne
Tout le long du chemin
Qui s'apaise et tatillonne
L'écho alors vert du moulin

Ecoute rire un brin
L'eau vive et sauvageonne…

Escucha despacito la risa pequeña

Escucha despacito la risa pequeña
El agua zambulla y huraña
El viento frío que gruñe
Rompería su petulancia dulce
Si el manantial bribona
No tenía las patas de rana

Su risa clara y guasona
En lo profundo del bosque resuena
Y no sorprende a nadie
Ni a la mañana el sol galano
Que pone reflejos de otoño
En su harapo de satén fluente

Su gruñona risa cristalina
De su labio bribona
Cascada y se arremolina
Todo a lo luengo del camino
Que titubea y se amaina
El eco luego verde del molino

Escucha despacito la risa pequeña
El agua zambulla y huraña…

La petite source

Un peu de sable un peu de mousse
C'est là que s'éveille la source
De là qu'en sa cadence douce
Le ruban clair prendra sa course

Sur l'herbe fraîche et la fleur vive
C'est là que vient finir la brise
Au son de la chanson plaintive
C'est là que son effort se brise

Près du miroir et du murmure
C'est là qu'aime à venir ma muse
De là qu'un grand rêve s'épure
Parmi l'eau claire et se diffuse

Aussi du sable et encore de la mousse
Où je suivais l'eau claire de la source
C'est pour répondre à ta voix si douce
Que mon amour a pris sa course…

La pequeña fuente

Un poco de arena y un poco de musgo
Esta ahí que se despierta la fuente
De allí que en su cadencia suave
La cinta clara tomará su curso

Sobre la hierba fresca y la flor viva
Esta ahí que viene acabarse la brisa
Al sonido de la canción lastimera
De allí que su esfuerzo se quiebra

Y del espejo y el murmullo cercanía
Aquí está le gusta venir mi musa
De allí que un gran sueño se purga
Y se extiende entre el agua clara

De la arena todavía y aún del musgo
Dónde yo seguía las aguas de la fuente
Es por responder a tu voz tan dulce
Que mi amor ha cogido su impulso…

Chanson de la source

Là où chantonne la petite source
S'entend des gravillons blancs rouli-roulant
Parmi l'eau azurine qui couli-coulant
Glougloute joyeusement dans sa course
Vagui-vaguant sous la petite ourse
Ainsi chantonne la petite source...

Là où fredonne en cadence douce
Un tapis de clapotis flotti-flottant
Qui va parmi les gerris sauti-sautant
Froufroute un pipit à gorge rousse
Trotti-trottant entre roches et mousses
Ainsi fredonne une chanson douce...

Là où chantonne la petite source
En fin ruban de bulles moussi-moussant
S'entend les gouttes s'égoutti-s'égouttant
Glougloute égayant d'autres ressources
Vogui-voguant dans l'élan de sa course
Ainsi chantonne la petite source...

Canción del manantial

Acá donde canturrea el pequeño manantial
Se escucha gravillas blancas rodea-rodeando
Entre el agua azulado que fluye-fluyendo
Gluglutea alegremente en su curso
Vaga-vagando bajo el pequeño oso
Así canturrea el pequeño manantial…

Acá donde tararea en cadencia suave
Una alfombra de chapoteo flota-flotando
Que va entre los Gerris salta-saltando
Hace frufrú el bisbita garganta roja
Trota-trotando entre musgo y roca
Así tararea una canción dulce…

Acá donde canturrea el pequeño manantial
En final cinta de burbujas espuma-espumando
Se escucha las gotas gotea-goteando
Gorgotea distrayendo otros recursos
Ondea-ondeando en el impulso de su curso
Así canturrea el pequeño manantial…

Pleuvoir des mots

En ce moment il pleut des mots
Je les attrape du bout des lèvres
Et dans un langoureux bécot
Te roule un poème amoureux.

Un jour sans doute je pleurerai
De ne plus recevoir de lettres
Ma langue asséchée sera muette
Et tu y seras sourd tantôt.

Alors j'en ferai don aux chats
Pour qu'ils s'en fassent des jeux de mots
À court d'histoire je resterai...
Jusqu'à ce qu'il pleuve de nouveau !

Llover palabras

Están lloviendo palabras ahora mismo
Los agarro con la punta de mis labios
Y en un besito lánguido
Yo te enrollo un poema amoroso

Probablemente lloraré un día
Por no recibir más cartas
Mi lengua secada estará muda
Y pronto serás sordo a ella.

Así que se lo donaré a los gatos
Para que hagan juegos de palabras
Me quedaré a falta de historia...
¡Hasta que vuelva a llover a cántaros!

Bon vent!

Dans le bourg le vent parle sur la place
Avec les vieux bancs des heures de grâce
Dans le ciel le vent, tailleur de printemps
Coud sur un tissu bleu des nuages blancs

Dans le pré il va chantonner des opérettes
Parmi les coquelicots par de rouges galipettes
Et au port il s'accoude sur les comptoirs du quai
Pour trinquer aux pêches d'espoir et de paix

Sous le préau de l'école il enseigne aux élèves
Qu'au-delà du mur se perdent les rêves
Dans les bals il éteint aussi les lampions
Et embrase tous les chœurs des accordéons

Dans ta jupe le vent étrenne un caprice
De soie et d'avril que l'aurore pastorale tisse
Et seul, je reste comme un enfant orphelin
Et rêve en secret d'attraper ce mistral malin…

¡Buen viento!

El viento habla en la plaza del pequeño burgo
Con los viejos bancos durante larga hora
En el cielo el viento, sastre de primavera
Cose nubes blancas en un tisú índigo

En el huerto el viento va a canturrear operetas
Entre los pimientos por las rojas volteretas
Y en el puerto se acoda en los mostradores del muelle
Un viento de paz un viento que tiene mucho fuelle

En el patio de la escuela enseña a los alumnos
Que más allá del muro se pierden los sueños
En las bailes también el viento apaga las luces
E inflama todos los coros de los acordeones

En tu falda el viento estrena un capricho
De seda y abril que teje la aurora pastoral
Y solo, me gusta como un niño guacho
Sueño de rebozo atrapar el astuto mistral…

Trois bulles de savon

Trois bulles de savon s'envolaient vers le ciel
Miroitant au soleil comme des libellules
Emportant avec elles tout l'artificiel
D'un doux mirage d'été sous la canicule

A ces tons irréels que provoquent les pupilles
L'enfant les regardait comme autant de miracles
Jusqu'à ce qu'un vent léger les éparpille
De leur disparition au tout premier obstacle

Il ne restait alors à ses yeux qu'une harmonie
De ce qu'il avait vu, astres parmi l'éther
Que quelques mots perdus dans cette poésie
Comme ces trois bulles qui s'envolaient dans l'air...

Tres burbujas de jabón

Tres burbujas de jabón volaron hacia el cielo
Resplandeciendo en el sol como libélulas
Todo lo artificial llevándose con ellas
Bajo la canícula de un dulce espejismo de verano

A estos tonos irreales que provocan las pupilas
Como a tantos milagros el niño los miró
Hasta que los esparza un viento ligero
Desde su desmayo hasta la primera vergüenza

Quedaba entonces en sus ojos solo una armonía
Por lo que había visto, estrellas entre el éter
Solo unas pocas palabras perdidas en esta poesía
Como esas tres burbujas volando por el aire…

Les boutons d'or

Les boutons d'or des hauts pâtis
Photophores de la prairie
Versent leur or à l'infini
Aux aurores toutes jaunies

Et le printemps multiflore
Si éclatant, ré-éclore
Les boutons d'or de la prairie
Qui s'écorent, tous épanouis

Dans l'euphorie de la flore
Tout 'embellie de rayons d'or
Jusqu'au couchant versicolore
Si fleurissant, qui dévore

Les boutons d'or des hauts pâtis
Derniers trésors de la prairie
Qui doucement s'évaporent
Au firmament unicolore

En souriant, aux météores
D'un printemps luminophore
Les boutons d'or des hauts pâtis
Versent leur or à l'infini…

El botón de oro

El Botón de oro del alto pasto
Fotóforo de la pradera
Derrama su oro al infinito
Todo amarillento de la aurora

Y la primavera multiflora
Si resplandeciente, despunta
El botón de oro de la pradera
Todo abierto, que se apunta

En la euforia de la flora del amor
Toda aureolada de melena efímera
Hasta al sol poniente multicolor
Si floreciente, que devora

El botón de oro del alto pasto
De la pradera, último besito
Que se evapora despacito
Unicolor en el firmamento

Con una sonrisa al meteoro
De una primavera de fósforo
El botón de oro del alto pasto
Echa su oro al infinito...

La glycine

La glycine a fleuri sur le vieux mur en ruines
Et sur la pierre grise, des flots mauves ruissellent
C'est un collier léger de perles purpurines
Où le soleil s'irise en rondes étincelles

Chaque pierre est cachée par un rang d'améthystes
Chaque trou est comblé par les grappes précieuses,
Chaque laideur brodée par des mains d'artistes
Et le vieux mur boudeur sourit aux fleurs rieuses

Et quand la rosée d'août sur les glycines dort
Le soleil du matin, de sa riche palette
Fait rosir la muraille et mêle dans son or
Les perles argentées et les perles violettes…

La glicinia

La glicinia floreció en el antiguo muro en ruinas
Y sobre la piedra gris, gotean flujos púrpuras
Es un collar ligero de perlas purpurinas
Donde el sol se irisa en chispas redondas

Cada piedra está oculta por una fila de amatistas
Cada agujero está lleno por las panojas preciosas
Cada fealdad adornada por manos de artistas
Y el antiguo muro enfurruñado sonríe a las flores risueñas

Y cuando el rocío de agosto duerme en la glicinia
El sol de la mañana, de su rica paleta
Hace ruborizar la muralla y en su oro se mezcla
Las perlas púrpuras y las perlas de plata…

Á la Nuit

Ouvrant le large éventail
Des plis soyeux de sa mante
La nuit, cette sombre amante
Sort furtive du sérail

Elle tord sa chevelure
Sur la nuque où naît son cou
Mais avec des gestes flous
Se dérobe des frisures

Le mince croissant d'argent
Qu'elle tient dans sa main fine
Éclaire sa dive mandoline
Avec des reflets changeants

C'est une très grande artiste
Et ses chants sont des soupirs
Qui lentement vont mourir
Dans l'urne de mon cœur triste

Il flotte au fond de ses yeux
L'ombre d'un grisant mystère
Comme un regret pour Cythère
L'île au printemps merveilleux

Je t'aime Ô sœur des détresses
Vois l'offrande de mes pleurs
Sur la mort lente des fleurs
Ton philtre est ma seule ivresse

Sous ton voile protecteur
Je puis belle magicienne
Sans crainte qu'on intervienne
Laisser soupirer mon cœur…

A la Noche

Abriendo el abanico en el horizonte
De su mantis pliegues sedosos
Por la noche, este oscuro amante
Sale de sigilo de los serrallos

Se retuerce su cabello
En la nuca donde nace su cuello
Pero con gestos difusos
Se aleja de los rizados

La media luna de plata fina
Que sostenga entre sus dedos tenues
Ilumina su mandolina divina
Con reflejos cambiantes

Es una grandísima artista
Y de sus suspiros viene una cancioneta
Que va a morir despacito
En la urna de mi corazón melancólico

Flota en las profundidades de sus ojos
El silencio de los estimulantes misterios
Como un arrepentimiento para Cythera
La isla de la maravillosa primavera

Te quiero Ô hermana desamparos
Mira la ofrenda de mis llantos
Sobre la muerte de las flores una vez
Tu elíxir es mi única embriaguez

Bajo tu protector velón
Yo ponga hermoso mago
Que intervenimos sin miedo
Dejar suspirar mi corazón…

Illustres Inconnus

Dans le cœur des herbiers, les plantes, les arbustes
Dûment catalogués, enserreront leurs noms
Même les animaux inscrits aux muséums garderont
A jamais et pour toujours leurs ossatures frustes

Mais devant l'objet de services injustes
Par le fer, le feu ou par l'obus et le canon
Les grimoires savants, les livres en renom
Seront anéantis, seuls survivront les bustes

Que l'on exhumera, ne les connaissant plus
Anonymes témoins de siècles désormais révolus
Et lorsque des savants penchés sur le mystère

Lui donneront en vain et leurs nuits et leurs jours
Nos arrière-arrière-neveux discerneront toujours
Le sceptique rictus, de Monsieur De Voltaire…

Desconocidos Ilustres

En el corazón de herbarios, plantas, arbustos
Debidamente catalogados, sus nombres encerarán
Incluso los animales registrados en los museos se mantendrán
Por nunca y para siempre sus esqueletos bastos

Pero ante el objeto de los servicios injustos
Por proyectil y cañón o por hierros y fuegos
Los eruditos grimorios, los libros famosos
Serán aniquilados, sólo sobrevivirán los bustos

Que los exhumaremos, sin conocerlos más
Testigos anónimos de siglos ya pasados
Y cuando los eruditos se inclinaron sobre el misterio

Le darán y sus noches y sus días en vano
Discernirán siempre nuestros tátara nietos
De Monsieur De Voltaire, el rictus escéptico...

Au temps du Covid

Loufoque

La cigale au Covid n'en a vraiment que faire
Car chanter plus fort, elle en fait son affaire
Aux tympans, elle va porter sur le système
Dans un des chants qui n'a que peu de thème

Nul besoin de mettre un masque sur le nez
Il faut que l'on entende les cris de ses couplets
Et les pauvres fourmis en ont plein les oreilles
En maudissant le jour sous la torpeur du soleil

Le virus s'est propagé à l'ensemble de la Terre
Piégeant à mourir les plus vieux grabataires
Mais ne voilà-t-il pas lorsqu'arrive le soir
Que les fourmis sortent clamant leur désespoir

Et c'est à celui qui fera un tonnerre de bruits
Par d'applaudissements en récolter les fruits
Et d'être à leur balcon pour prendre la parole
A taper le tambour en un concert de casseroles

Alors au sein de ce foutu brouhaha
S'épuise la cigalle qui passe de vie à trépas
Nul ne sera gagnant, nul ne sera vainqueur
Seul le silence effrayant remplacera la peur

Si vous avez été un soir cette fourmi
Moi j'étais la cigale à bâtir ce récit
Je me suis épuisé à le rendre crédible
Sans être assuré qu'il ait valeur de bible…

En los tiempos del Covid

Poema loquísimo

A la cigarra del Covid realmente no le importa
Porque cantando más fuerte, ella lo hace su área
En los tímpanos, se centrará con el sistema
En uno de los cantos que tiene poco tema

No hay necesidad de poner una máscara en la nariz
Tenemos que escuchar los gritos de sus versos
Y las pobres hormigas tienen mucho de eso en sus oídos
Maldiciendo el día bajo el torpor del sol infeliz

El virus se ha propagado por toda la Tierra entera
Atrapando para morir al más viejo postrado en cama
Pero no es así cuando el amanecer llega
Que salgan las hormigas proclamando su desesperanza

Y depende de quien hará un trueno de ruidos
Por aplausos recogiendo los frutos
Y estar en su balcón para tomar las hablas
Golpeando el tambor en un concierto de caserolas

Así que dentro de esta jodida algarabía
La cigarra se agota que pasa a mejor vida
Nadie será ganador, nadie será vencedor
Solo el silencio aterrador reemplazará el temor

Si has sido al almanecer esa hormiga
Yo fui la cigarra para construir esta narrativa
Me agoté para hacerlo creíble en poesia
Sin estar seguro de que tenga valor de Biblia…

Il suffira

Certains soirs quand la neige est là
Et que les heures traînent en longueur
Il suffira d'un geste, il suffira d'une voix
Pour revigorer l'espoir d'une douce lueur

Comme l'éclat d'une rose que l'on saisit
D'une main exposée au frimas d'émotion
Il suffira de suivre son cœur et distiller la vie
D'or pour raviver la blancheur d'une saison

Il suffira parfois juste quelques mots
Les laisser courir sur le glacé papier
Les faire chanter à l'âme comme un écho
Pour retrouver la joie d'un sourire épié

Certains soirs sur le vol blanc des heures
Comme une guirlande certains mots donnés
Viennent vous enlacer d'un peu de douceur
Et caresser votre âme d'un frêle baiser

Qu'importe le temps au pourpre du jour
Qui ondule et chuchote d'une voix énamourée
Il suffira parfois de peu, d'un frisson d'amour
Pour entendre la vie à nouveau chanter…

Bastará

Algunas tardes cuando está allí la nieve
Y se arrastra suavement la hora
Bastará con un gesto, astará con una voz sola
Para revitalizar la esperanza de un brillo suave

Como el fulgor de una rosa que se agarra
Con una mano expuesta a las frimas de emoción
Bastará seguir su corazón y la vida se destilará
De oro para revivir la blancura de una estación

A veces bastará con unas pocas palabras
Déjalas correr sobre el papel glaseado
Hazlas cantar al alma como un eco
Por encontrar la alegría de un suspiro espiado

Algunas tardes en el vuelo blanco de las horas
Como una guirnalda algunas palabras dadas
Vienen a abrazarte con un poco de dulzura
Y acariciar con un beso delicado, tu alma

Que importa el tiempo en el púrpura del día
Que se desendulce y susurra con una voz enamorada
A veces bastará con poco con un escalofrío cariño
Para escuchar la vida cantar de nuevo...

Deux Cœurs Énamourés

Chanson

La première fois que je t'ai vu
A l'instant mon cœur s'est emballé
Quelque chose en moi avait changé
Et en mon for intérieur j'ai vite su
Tu étais mon âme jumelle,
Tu étais mon âme jumelle
Tu étais mon immortel,
Tu étais mon immortel

Deux cœurs énamourés
Comme deux âmes jumelles
De suite se sont aimés
Deux étoiles filantes au ciel

Longtemps pour te trouver j'ai attendu
Un cadeau du ciel qui me rendrait heureux
Implorant les anges d'envoyer un amoureux
Et alors à présent c'est toi qui es venu
Tu étais mon âme jumelle,
Tu étais mon âme jumelle
Tu étais mon exceptionnel,
Tu étais mon exceptionnel

Deux cœurs énamourés
Comme deux êtres s'aimant
Immédiatement ont fusionné
Deux comètes au firmament

Et si un jour tu n'existes plus
Telle une fleur je fanerai au vent
Chaque heure par tous les temps
Rien ne remplacerait l'amour perdu

Dos Corazones Enamorados

Canción

La primera vez que te vi
Al instante mi corazón se ha embalado
Había cambiado algo en mí
Y rápidamente supe en mi fuero interno
Eras mi alma gemela
Eras mi alma gemela
Fuiste mi inmortal
Fuiste mi inmortal

Dos corazones enamorados
Como dos almas gemelas
Seguidamente se han amado
Al cielo dos estrellas

Mucho tiempo para te encontrar esperé
Que me haría feliz un regalo del cielo
Implorando a los Ángeles para enviar a un enamorado
Y es así que ahora que viniste
Eras mi alma gemela
Eras mi alma gemela
Fuiste mi excepcional
Fuiste mi excepcional

Dos corazones enamorados
Como dos seres cariñosos
Inmediatamente se fusionó
Dos cometas al firmamento

Y si un día no existes ya
Como una flor marchitaré al viento
Cada hora por todo tipo de clima
Nada sustituirá el amor perdido

Tu étais mon âme jumelle
Tu étais mon âme jumelle
Tu étais mon essentiel
Tu étais mon essentiel

Deux cœurs énamourés
Comme deux âmes jumelles
De suite se sont aimés
Deux étoiles filantes au ciel...

Eras mi alma gemela
Eras mi alma gemela
Fuiste mi esencial
Fuiste mi esencial

Dos corazones enamorados
Como dos almas gemelas
Seguidamente se han amado
Al cielo dos estrellas...

Fuir tous les deux

Fuir tous les deux, fuir au loin, fuir à tire d'aile
Vers le splendide Eden que dore un chaud soleil
Où le divin été sous des grands cieux vermeils
Chaque matin renaît d'une splendeur nouvelle

Fuir tous les deux, ivres de tendresse irréelle
Jusqu'au dernier souffle et dernier sommeil
Pour profiter à l'instant d'un bonheur sans pareil
L'amour est une rose et non une immortelle

Et là, lèvres contre lèvres, les yeux dans les yeux
Bannir le temps et tout ce qui n'est pas nous deux
Vivre dans un beau songe, attendre qu'il s'achève

Voici ce qui me hante en un immense espoir
Alors que tout se tait dans le calme du soir
À cette heure où s'en vont les impossibles rêves…

Huir de ambos

Huir de ambos, huir a tirón de ala, huir a lo lejos
Hacia el espléndido Edén que fulge un ardiente fulgor
Dónde el divino verano bajo grandes cielos bermejos
Cada mañana renace en un nuevo esplendor

Huir de ambos, ebrios de irreal sensibilidad
Hasta el último aliento y último sueño real
Para disfrutar al instante sin igual de la felicidad
El amor es una rosa y no una flor inmortal

Y allí, labios contra labios, ojos en los ojos
Desterrar el tiempo y todo lo que no es nosotros dos
Vivir en un sueño hermoso, espere hasta el final

He aquí lo qué me ronda en un inmenso deseo
En el silencio del atardecer mientras todo está tranquilo
Donde los sueños imposibles se van a la hora carnal...

Á l'heure des Sopranos Pipistrelles

Lorsque les astres pointent à l'horizon
A l'heure où s'éveillent les pipistrelles
Le soleil se transforme en un tison
Explosant dans l'âtre en mille étincelles

Quand l'âme vole vers la petite Ourse
En suivant la Polaire dans sa course
Le poète puise ainsi dans l'instant
Les mots qu'il choisit, posés tendrement

Qui n'a pas un jour devant l'inconnu
Laissé sa pensée monter dans les nues
Qui n'a pas la nuit devant l'infini
Laissé sa pensée sortir de son lit

Comme l'hirondelle dans le faste printemps
Porté par des ailes dans le vent
Le poète puise ainsi dans l'instant
Les mots qu'il choisit, posés tendrement

A l'heure où s'éveillent les pipistrelles
Il laisse ses envies déployer leurs ailes…

A la hora Sopranos Pipistrelos

Cuando en el horizonte los astros apuntan
A la hora en que los pipistrelos despiertan
El sol se convierte en un tizón
Explotando en mil chispas en el fogón

Cuando el alma vuela hacia la Osa menor
Siguiendo la estrella del Norte en su curso
El poeta dibuja así del momento
Las palabras que el elige, puestas con amor

Quien no tiene un día frente a lo desconocido
Deja que su pensamiento subir en el firmamento
Quién no tiene la noche frente al infinito
Deja que su pensamiento salga del lecho

Como la golondrina en el primaveral esplendor
Llevado por alas en el vespertino viento
El poeta dibuja así del momento
Las palabras que el elige, puestas con amor

A la hora en que los pipistrelos despiertan
Deja que sus deseos por sus alas extiendan...

Sonnet à la Louve Étoilée

Ô loup sans frontière et des sauvages contrées
Surplombant les bois, depuis un rocher assis
Tu hurles solitaire, une hurlante symphonie
Un chant qui aboie, empli d'espoir et de liberté

Au travers des bois, des plaines et marécages
Tu hurles aux hivers, une poignante symphonie
En poursuivant tes proies, à l'orée de la nuit
Ô loup légendaire et des contrées sauvages

À la pleine lune venue, sont sortis de la tanière
À pas de loup tes derniers louveteaux de velours
Par quatre pattes velues qui jouent avec ta crinière

Mini loups garous nés, avec des crocs trop courts
Tous crient en brumaire, vers le ciel d'infinies prières
Ô louve étoilée séculaire, pétrie d'ombre et de lumière…

Soneto a la Loba Estrellada

Ô lobo sin fronteras y lejanas comarcas salvajes
Desde una roca sentado con vistas a los bosques
Ya estás gritando solitario una sinfonía aulladora
Lleno de esperanza y libertad, un canto que ladra

A través de los bosques, landas, llanuras y pantanos
Ya estás gritando una conmovedora sinfonía a los inviernos
Persiguiendo tus presas al confín de las orillas noches
Ô lobo legendario y lejanas tierras silvestres

Salieron de la madriguera, a las lunas llenas llegadas
A paso de lobo tus últimos cachorros de terciopelo
Que jueguen con tu melena por cuatro patas peludas

Nacidos con colmillos demasiado cortos mini fantasmas
Todos gritan en Brumario infinitas oraciones hacia el cielo
Ô loba estrellada secular, amasada de luces y sombras y más...

Le chaton

Je suis un petit chaton
Qui n'a pas encore de nom
Né soudain il y a quelques mois
Et personne ne veut de moi

Bien que j'aime cavaler après le vent
J'adore aussi m'allonger sur le divan
Où m'emmailloter avec des pelotes de laine
Parfois jusqu'à en perdre haleine

Si mes oreilles sont grandes et poilues
Elles sont pareilles aux voisins des rues
C'est pour mieux entendre les bruits
Que font les souris avec leurs petits cris

J'aime à rêvasser dans le patio serein
Parmi les fleurs, les papillons et les serins
Découvrir l'harmonie d'une nature fabuleuse
Et m'endormir sous la tendre lune silencieuse

Je suis un petit chaton
Qui n'a pas encore de nom
Et si vous me donniez un bol de lait
Alors votre petit museau, je le lècherai…

El gatito

Soy un pequeño gatito
Que no tiene aún un nombre
Hace unos meses que nació súbito
Y nadie de mío no me quiere

Aunque me gusta correr tras el viento
También me encanta acostarme en el sofá
Dónde envolverme con bolas de lana
A veces hasta que pierda el aliento

Si mis orejas son peludas y grandes
Son idénticas a los vecinos de las calles
Es mejor para escuchar los ruidos
Que hacen los ratones con sus grititos

Me gusta soñar en el sereno patio
Entre las flores, los canarios y las mariposas
Descubrir la armonía de la naturaleza fabulosa
Y adormecerme bajo la tierna luna en silencio

Soy un pequeño gatito
Que no tiene aún un nombre
Y si me darías un tazón de leche
Entonces lo lameré tu hocico pequeñito…

Rondeau des Trapézistes

Roulement de tambour sous le chapiteau
Vêtus de blanc et d'or, oscillent trois corps
Tendus, entre des trapèzes et saltos
Où bras et corps s'activent dans leur essor

Prodige des sauts qui rivent le record
En des mouvements synchronisés, là-haut
Voltigent trois corps, vêtus de blanc et d'or
Entre trapèzes pendulant et saltos

Les acrobates volants font le décor
En l'air virevoltant, tel des angelots
Où s'entrecroisent, en de mouvants accords
Le talent des âmes et des corps, au show

Entre trapèzes pendulant et saltos
Voltigent trois corps, vêtus de blanc et d'or…

Rondó Trapecistas

Rodamiento de tambor bajo el toldo de circo
Vestidos de blanco y oro, oscilan tres cuerpos
Tensos, entre trapecios y saltos
Donde brazos y cuerpos se activan en su desarrollo

Prodigio de los saltos que clavan a la conquista
En movimientos sincronizados, allá arriba
Vestidos de blanco y oro, revolotean tres cuerpos
Entre pendulares trapecios y saltos

Acróbatas volando preparan el escenario
Como angelitos, en el aire volanteando
Donde se cruzan, en acordes en movimiento
El talento de las almas y los cuerpos, en el espectáculo

Entre pendulares trapecios y saltos
Vestidos de blanco y oro, revolotean tres cuerpos…

Un jour je serai vieux

Un jour je serai vieux et toi qu'en sauras tu
Tu m'auras remplacé par un jeune printemps
Oublié ma peau brunie, mon museau pointu
Mes taches de rousseur éclaircies par le temps

Tu auras oublié jusqu'à mes bras qui t'enserraient
Mes lèvres qui buvaient le nectar à sa source
Et qui savait par cœur ce que le bonheur prodiguait
Tu auras oublié sitôt aussi ma bouche douce

Bientôt je serai vieux et restera ce portrait de moi
Des rides sur le front, des empreintes de ma vie
Et sur mon dos courbé le souvenir de nos émois
De nos jeux amoureux à l'orée de nos nuits

Et dans les draps froissés de mon lit d'infortune
Je penserai à toi à tes cheveux blanchis
Le temps t'aura aussi marqué de sa rancune
Et cela me rassurera de te savoir vieilli

Je garderai en moi les souvenirs tenaces
De nos riches années de ce passé qui fût
De nos soupirs et nos entractes perspicaces
Un jour je serai vieux mais toi où seras-tu…

Un día yo seré viejo

Un día yo seré viejo y tú que sabrás
Me habrás reemplazado por una más joven fiel
Olvidado mi hocico puntiagudo, mí dorada piel
Y por el tiempo mis pecas aclaradas

Habrás olvidado hasta a mis brazos que tocándote
Mis labios que bebían el néctar a su fuente
Y qué sabía de memoria lo qué la felicidad fue
Habrás olvidado pronto como mi boca dulce

Pronto yo seré viejo y quedará de mí ese retrato
Arrugas en la frente, huellas emociones de mi vida
Y la memoria de nuestros revuelos en mi espalda
En el orilla de nuestras noches de un juego intacto

Y en las sabanas arrugadas de mi cama de desgracia
Yo pensaré en ti con el cabello blanqueado
El tiempo también te habrá marcado de su rencilla
Y eso me tranquilizara de saberte avejentado

Guardaré conmigo los recuerdos tenaces
De este pasado que fue, de nuestros ricos años
De nuestros suspiros y nuestros intermedios perspicaces
Pero dónde estarás el día cuando seremos viejos...

Vieillir en beauté

Vieillir en beauté, c'est vieillir avec son cœur
Sans remord, sans regret, sans regarder l'heure
Aller de l'avant, arrêter d'avoir peur
Car, à chaque âge, se rattache un bonheur

Vieillir en beauté, c'est vieillir avec son corps
Le garder sain en dedans, beau en dehors
Ne jamais abdiquer devant un effort
L'âge n'a rien à voir avec la mort

Vieillir en beauté, c'est donner un coup de pouce
À ceux qui se sentent perdus sur de la mousse
Qui ne croient plus que la vie peut être douce
Et qu'il y a toujours quelqu'un à la rescousse

Vieillir en beauté, c'est vieillir positivement
Ne pas pleurer sur ses souvenirs d'antan
Être fier d'avoir autant de cheveux blancs
Car, pour être heureux, on a encore le temps

Vieillir en beauté, c'est vieillir avec amour
Savoir donner sans rien attendre en retour
Car, où que l'on soit, à l'aube du jour
Il y a quelqu'un à qui dire « Bonjour »

Vieillir en beauté, c'est vieillir avec espoir
Être content de soi en se couchant le soir
Et lorsque viendra l'instant de la nuit noire
Se dire qu'au fond, ce n'est qu'un au revoir…

Envejecer en belleza

Envejeciendo en belleza, está envejeciendo con el corazón
Sin arrepentimientos, sin remordimientos, sin mirar la hora
Seguir adelante, dejar de tener miedo
Porque, a todas las edades, se relata la felicidad

Envejeciendo en belleza, está envejeciendo con el cuerpo
Manteniéndose saludable por dentro, hermoso fuera
Nunca abdicar antes de un esfuerzo arduo
La Edad no tiene nada que ver con la muerte

Envejeciendo en belleza, es dar un impulso
A aquellos que se sienten perdidos en musgo
Que ya no creen que la vida pueda ser dulce
Y que siempre hay alguien al rescate

Envejecimiento en belleza, es envejecer positivamente
No llorar en sus recuerdos de antaño
Estar orgulloso de tener tanto pelo blanco
Porque, para ser feliz, uno todavía tiene tiempo

Envejeciendo en belleza, es envejecer con amor
Sabiendo dar sin esperar nada a cambio
Porque, donde quiera que uno esté, en los albores del día
Hay alguien que le diga: "Hola"

Envejeciendo en belleza, es envejecer con esperanza
Estar contento con uno mismo yendo a la cama por la noche
Y cuando llegara en masa el instante de la noche oscura
Decirse que en el fondo, es sólo un adiós...

Savoir Vieillir

Voici venir l'hiver, la neige des années
Lentement sur ton front se dessine et s'étend
A l'emprise implacable et perverse du temps
Veille à ne pas laisser ton âme abandonnée

Du passé déjà loin n'éprouve nul regret
Ne porte pas en toi le deuil de ta brève jeunesse
L'avenir est toujours si riche de promesses
Auxquelles tu peux croire et t'offrir en secret

Poursuis sans défaillir ta tâche accoutumée
Ne laisse pas le rêve accaparer sans fin
Ta pensée accueillante aux morbides parfums
Dont subsistent encore tes amours anciens et périmés

Sois fort, ne cesse pas de créer, d'agir avec ferveur
Plante ce qu'il te plaît pour en avoir de l'ombre
Fuis la nuit et apporte la lumière à la pénombre
Puisque par la poésie, l'espoir renaît à toute heure

Ne laisse pas le soleil se coucher sur une fulgurante couleur
Comme l'oiseau chantant le jour pour chasser les idées sombres
Va droit sur ton chemin sans heurt et sans encombre
Au seul rythme palpitant et lucide de ton noble cœur…

Saber Envejecer

Aquí viene la nieve de los años, el invierno
En la frente despacito se está dibujando y se desarrolla
Hasta el implacable y perverso control del tiempo
Ten cuidado de no dejar tu alma abandonada

Del pasado ya lejos no siente ningún remordimiento
No lleves en ti el luto de tu juventud breve
El porvenir es tan rico en promesas siempre
A las que puedes creer y ofrecerte en secreto

Continúa sin fallar tus tareas acostumbradas
No dejes que acaparar los sueños interminables
Tu pensamiento acogedor a las fragancias morbosas
De los que aún quedan tus viejos y anticuados amores

Sé fuerte, no dejes de crear, actuando con fervor
Planta lo que te gusta para tener sombra
Huye la noche y trae luz a la penumbra
Ya que a través de la poesía, en todo momento renace el amor

No dejes que el sol se ponga en una singular brillazón
Como el pájaro cantando el día para ahuyentar ideas oscuras
Siga recto por tu camino sin obstáculos y sin problemas
Al único ritmo palpitante y lúcido de tu noble corazón…

Visage d’ange posé sur ton cœur

Sur le minois de Firas, posé sur ton cœur
S’éclipse une lumière et de la tendresse
Qui s’écrit au présent, moment de bonheur
Sur le minois de Firas, posé sur ton cœur
Où s’agrandissent deux yeux charmeurs
Et qui glissent comme de divines caresses
Sur le minois de Firas, posé sur ton cœur
S’éclipse une lumière et de la tendresse
Pour que jamais ne meurt son éclatante jeunesse

S’éclipse une lumière et de la tendresse
L’amour d’une mère rayonne sur son cœur
Le jour de ton anniversaire fêté en chœur
S’éclipse une lumière et de la tendresse
Du baiser au front auréolé d’une Déesse
Est le meilleur cadeau offert avec candeur
S’éclipse une lumière et de la tendresse
L’amour d’une mère rayonne sur son cœur
Pour que jamais ne meurt son éclatante jeunesse…

Carita ángel puesto en tu corazón

En la carita Firas, puesto en tu corazón
Se eclipsa una luz y sensibilidad
Que se escribe al presente, momento felicidad
En la carita Firas, puesto en tu corazón
Donde dos ojos encantadores se amplíen
Y como caricias divinas que deslicen
En la carita Firas, puesto en tu corazón
Se eclipsa una luz y sensibilidad
Para siempre no muera su juventud brillante

Se eclipsa una luz y sensibilidad
El amor de una madre brilla en su corazón
El día de tu cumpleaños celebrado en coronación
Se eclipsa una luz y sensibilidad
El beso en el frente aureolado de una diosa
Se ofrece el mejor regalo con franqueza
Se eclipsa una luz y sensibilidad
El amor de una madre brilla en su corazón
Para siempre no muera su juventud brillante…

Poème d'Aurore

Tout poème est une aurore
En harmonie au lever de soleil
Et tant de choses encore

Qu'il soit le jaune hellébore
Ou un amour confidentiel
Tout poème est une aurore

Tel un printemps s'instaure
Ou un arc en ciel au réveil
Et tant de choses encore

Découvrir l'univers de Pandore
Où le dernier mot sort essentiel
Tout poème est une aurore

En chaque soi-même il fore
Les désirs, le plaisir ou le fiel
Et tant de choses encore

En réalité je me remémore
Y trouver mille merveilles
Tout poème est une aurore
Et tant de choses encore….

Poema de Aurora

Cada poema es una aurora
Nuevo amanecer en armonía
Y tantas cosas todavía

Que sea el eléboro amarillo
O un amor confidencial ahora
Cada poema es una aurora

Tal se establece primavera
O un arco iris al despertar
Y tantas cosas todavía

Descubrir el universo de Pandora
Donde la última palabra sale esencial
Cada poema es una aurora

En cada mismo incluso que perfora
Los deseos, el placer o el fiel
Y tantas cosas todavía

En realidad se recuerda
Encontrar mil maravillas
Cada poema es una aurora
Y tantas cosas mucho más…

Au cœur de la vague claire

Rondeau

Au cœur de la vague claire est né un bout de lumière
Gonflé au souffle du vent, nourri d'eau salée
D'un hyalin rouleau s'est formé un tunnel clair
Qui roule sur la houle, se déroule jusqu'à se déplier

Dans la galerie fluide tournoie le ciel et un bout de terre
Entouré d'un liquide translucide à l'azuré illimité
Au cœur de la vague claire est né un bout de lumière
Gonflé au souffle du vent, nourri d'eau salée

Baigné au cristallin miroir qu'un soleil éclaire
À l'envers ondoie un univers jusqu'à se noyer
A la symphonie brasillée d'écume éphémère
Où cacophonie et reflets finissent à s'embrasser

Dans la bague du soir, se tissent des lueurs légères
Au cœur de la vague moire où naît un bout de lumière…

En el cogollo de la ola clara

Rondó

En el cogollo de la ola clara, un trozo de luz nació
Nutrido por agua salado, inflado con el aliento del viento
De un rollo hialino se formó un túnel claro
Que rueda sobre el oleaje, se despliega hasta desplegarse

En la galería fluida gira un pedazo de tierra y el cielo
Rodeado de un líquido translúcido en el azul ilimitado
En el cogollo de la ola clara, un trozo de luz nació
Nutrido por agua salado, inflado con el aliento del viento

Bañado en el espejo cristalino que un sol ilumina
Al revés deshace un universo hasta ahogarse
Una sinfonía rielada con efímera espuma
Donde la cacofonía y los reflejos acaban besándose

En la sortija de la tarde, se tejen destellos de luz
En el cogollo de la ola moaré donde nace un trozo de luz...

Au lointain pays

L’ombre d’une rose
A glissé sur l’eau
Le soleil arrose
Le front du bouleau
Une cendre finie
A poudré d’or gris
Le verdoyant coteau
Aussi l’écriteau
Au lointain pays

Trop lourde la rose
Se mire dans l’eau
Le vent se repose
Au bras du bouleau
Au pas du matin
L’allée légère
Comme le destin
Fuit la lumière
Au lointain pays

Déjà meurt la rose
Pétales sur l’eau
Un bourdon se pose
Au tronc du bouleau
Ainsi glisse la vie
Dans ma main lasse
J’ai trois boutons cueillis
Qu’un vent harasse
Au lointain pays…

En el país lejano

La sombra de una rosa
Se deslizó en el agua
El sol riega
El frente del abedul clásico
Una ceniza acabada
Empolvó de oro blanco
El verde cerro
También el letrero
En el país lejano

Demasiado pesada la rosa
Se refleja en el agua
El viento se descansa
En el brazo del abedul amarillo
A los pasos de la mañana
La senda a la ligera
Huye la lumbrera
Como el destino
En el país lejano

Ya muere la rosa
Pétalos en el agua
Un abejorro aterriza
En el tronco del abedul llorón
Así se desliza la vida
En mi mano cansada
Tengo tres rosas en botón
Que un viento agobió
En el país lejano

Un Amour Chartreux

Je t'aime Ô mon amour
De ma passion tu es gardien
Comme ton regard de velours
Peint un immense ciel Eféléen
Comme ta fourrure bleutée
Si douce à la caresse
J'ai soif de ta tendresse
Confident de mon cœur
Tu es l'ange de mon bonheur

Je t'aime Ô mon amour
Et ce depuis la première fois
Sur le même long chemin
Se croise le désir destin
Car au creux de mon âme
S'est allumée une flamme
Aussi brillante que la joie
Comme la vibrante apothéose
De deux êtres en osmose

Je t'aime Ô mon amour
Toi, mon merveilleux chartreux
Nul besoin de se parler
Juste le temps de se contempler
Et dans l'or de tes grands yeux
Deux soleils fabuleux flamboient
Un peu comme un désir nébuleux
Tel un serment spirituel d'autrefois
Liant sur l'infini le toi et le moi…

Un Amor Ceniciento

Te quiero Ô cariño mío
Eres guardián de mi pasión
Como tu mirada de terciopelo
Pinta un inmenso Efelano cielo
Como tu azulado pelaje
A la caricia tan dulce
Confidente de mi corazón
Tengo sed de tu sensibilidad
Eres el ángel de mi felicidad

Te quiero Ô cariño mío
Y esto desde el primer día
En el mismo largo camino
Se cruza el deseo destino
Porque en el hondo de mi alma
Se está encendida una llama
Tan brillante como la alegría
Como la vibrante apoteosis
De dos seres en ósmosis

Te quiero Ô cariño mío
Tú, mi maravilloso gato ceniciento
No hay necesidad de hablarse
Sólo el tiempo por contemplarse
Y en el oro de tus grandes ojos
Llaman dos soles fabulosos
Tal una miaja de un nebuloso deseo
Como un juramento espiritual de antaño
Enlazando el tú y el yo en el infinito…

Tes yeux indigo

Tes yeux indigo
Qui me rappellent
D'autres yeux hidalgos
D'autres belles

Chacun d'eux
Surtout d'elles
Pourtant si bleus
Pourtant si belles

Ne s'arrêtera en moi
Qu'ici un grand émoi
Dans l'air si tendre

A mon doux cœur
Lassé d'attendre
L'arrivée du vainqueur…

Tus índigos ojos

Tus índigos ojos
Me los recuerdas
Otros ibéricos ojos
Acá otras bellas

Cada uno de ellos
Sobre todo aquellas
Todavía tantos índigos
Todavía tantas guapas

No se parará en mí
Que un gran revuelo aquí
En el aire tan suave

A la vista del campeón
Esperarás aún la llave
De su dulce corazón…

Au tourbillon des heures

Combien ai-je effacé de mots sur cette blanche page
Avant de savoir comment mieux exprimer ma pensée
Ces changements ces craintes planant comme un mirage
Au-delà de mon esprit sur le fil d'un penser apaisé

Les crève-cœurs qui surgissent et affaiblissent l'âme
Comme un cycle infernal en jours qui se succèdent
Sur des feuilles l'on pose parfois joie parfois drame
Poésie exécutoire demeure cependant la meilleure aide

Implorer rimes émergentes sur de naissantes caresses
Pour obtenir avec agilité un voile de satin ou de velours
Requête du poète pensif en manque de tendresse
Qui nourrit de ses mots chaque nuit chaque jour…

El torbellino de las horas

Cuantas palabras borró en esto folio blanquísimo
Antes de saber cómo expresar mejor mi pensamiento
Estos cambios estos sustos que planean como un espejismo
Más allá mi mente sobre el hilo de un pensar apaciguado

Los desconsuelos que aparecen y debilitan el alma
Como un ciclo infernal en días que se suceden
En las páginas se ponen a veces alegría a veces drama
Poesía ejecutoria es las mejores ayudas que persisten

Implorar emergentes rimas en una naciente caricia
Conseguir un velo de satén o terciopelo con agilidad
Solicitud del poeta pensativo en falta de sensibilidad
Que nutre por sus palabras cada noche cada día...

Un Amant heureux : Mon Stylo

Mon stylo est amoureux
D'une feuille de papier
Vierge, blanche ou quadrillée
C'est un amant heureux

Enjôleur, actif et pressant
Recto verso caressant
Les pages de sa belle
Il écrit des mots à l'encre ciel

Sans doute a-t-elle souri
L'encre de couleur change
Et c'est sur moi qu'il écrit
Sa passion rougit pour un ange

Parfois, mon stylo est jaloux
Car d'autres prétendants
Inspirés, plus habiles ou plus filous
Ont éveillé de l'aimée un désir ardent

Ainsi mon stylo, sous mes doigts
N'est pas toujours docile
Á rime d'amour toujours… difficile
D'y souscrire encore une fois

Ce désaccord sournois
Qui existe entre lui et moi
Aboutit bien à son avantage quelques fois

Mais un amour si étrange puis-je le contrarier
Puisque ça ne s'est jamais vu
Puisque ça ne court pas les rues
Un Amoureux de pages quadrillées !...

Un amante feliz: Mi pluma

Mi pluma está enamorada
Con una hoja de papel
Virgen, blanca o cuadriculada
Es un amante afortunado

Embaucador, apremiante y activo
A dos caras acariciando
De su querida las páginas
Él escribe en tinta del cielo palabras

Probablemente sonrió
La tinta de color se cambia
Y se trata de mí que escribe
Por un ángel su pasión sonrojó

A veces mi pluma está celosa
Porque otros pretendientes
Inspirados, más hábiles o más escarbados
Han despertado de la amada deseos ardientes

Así mi pluma, bajo mis dedos
No siempre es dócil
A rima de amor siempre... difícil
Suscribirse aún de nuevo

Este desacuerdo furtivo
Que existe entre él y yo
Conduce bien a su ventaja unas cuantas veces

Pero un amor tan extraño puede molestarlo
Ya que se ha visto jamás
Ya que no corre a través las calles
¡Un amante de las páginas cuadriculadas!...

Le Prunellier

Le pauvre tortu prunellier difforme et rabougri
Humblement se tapit tout le long des rivières
Ou sert d'épouvantail comme garde barrière
Et d'apparence on ne l'aime et partout on le fuit

Ses épines acérées emplissent son simple habit
Et le défendent ainsi des malveillants de la terre
Le pauvre tortu prunellier difforme et rabougri
Humblement se tapit tout le long des rivières

Mais heureux et vaillant lui, le paria honni
Pour ses amis discrets, l'eau le vent et la lumière
Il offre généreux au nez du froid austère
Le premier bouquet blanc et tout d'amour fleuri

Le pauvre tortu prunellier difforme et rabougri...

El Endrino

El pobre torcido endrino deformado y desmirriado
Humildemente se agazapa a lo largo del arroyo esmirriado
Como un espantapájaros o guardabarrera sirve
Y de apariencia no le ama y por todas partes le huye

Sus espinas afiladas llenan su simple follaje
Y le amparan así del malvado terrestre
El pobre torcido endrino deformado y desmirriado
Humildemente se agachapa a lo largo del arroyo esmirriado

Pero feliz y valiente él, paria deshonrado
Para los amigos discretos, agua, luz y viento puro
Ofrece generoso al hocico del frio austero
El primero ramo blanco y todo florido enamorado

El pobre torcido endrino deformado y desmirriado…

Février parsème ses bijoux

Triolet

Février parsème ses bijoux
Perles blêmes d'un présent révolu
Qui chahutent au tohu-bohu des remous
Février parsème ses bijoux
Leurs bisous effleurent ma joue
Gemmes de fleurs fondues
Février parsème ses bijoux
Perles blêmes d'un présent révolu

Perles blêmes d'un présent révolu
Les cristaux au vent s'échouent
Au tombeau sitôt disparu
Perles blêmes d'un présent révolu
Dentelle de cristaux doux
Déchue d'ailes d'anges fendues
Perles blêmes d'un présent révolu
Les cristaux au vent s'échouent…

Febrero espolvorea sus joyas

Triplete

Febrero espolvorea sus joyas
Perlas pálidas de los presentes pasados
Que alborotan en el bullicio polvaredillas
Febrero espolvorea sus joyas
Sus besitos rozan mis mejillas
Gemas de flores en gavillas
Febrero espolvorea sus joyas
Perlas pálidas de los presentes pasados

Perlas pálidas de los presentes pasados
Los cristales en el viento están varados
A los sepulcros pronto desaparecidos
Perlas pálidas de los presentes pasados
Dentellada de cristales blandos
Caída de alas ángeles despilfarrados
Perlas pálidas de los presentes pasados
Los cristales en el viento están varados…

Chant d'hiver

Les flocons blancs
Tourbillonnent
Au jour de l'an
Carillonnent
Dives cloches
Se maillochent
Par vaux, par monts

Et l'on entend
Cantilène
A travers champs
Où s'égrène
Aux alentours
En son d'amour
Une émotion

Et les glaçons
Pendeloquent
Les brimborions
S'entrechoquent
Aux rameaux clairs
Au chant d'hiver
Dans l'Aquilon

Tourbillons blancs
Sur la plaine
Tourneboulant
Dans la laine
S'effilochent
Au ciel floche
Dans un frisson…

Villancico de invierno

Las escamas blancas
Remolinean
Al día del nuev'año
Campanillean
Divinas campanas
Resuenan
Más allá del cantón

Y escuchamos
Cantilena
A través de los campos
Donde se desgrana
Alrededor
En sonido de amor
Una emoción

Y los trozos de hielo
Se balancean
Las baratijas
Se entrechocan
A las ramas claras
El villancico de invierno
En el Aquilón

Blancos remolinos
En la llanura
Se mesclan
En la lana clara
Se deshilachan
En un escalofrío
Al cielo de algodón…

Voici le temps où les toits sont blancs

Chant de Noël,

Voici le temps où les toits sont blancs
Dans l'univers blanc palpitant du ciel
Voici l'instant où l'amour est étincelant
Et dans les chaumières s'enchante Noël

Voici le temps où l'hiver s'habille de blanc
Et milles étoiles brillent haut dans le ciel
Voici l'instant où les cœurs sont flamboyants
En cette nuit pour célébrer un joyeux Noël

Voici le temps où les toits sont blancs
Et les merveilleux chants où la joie se mêle
Voici l'instant où les émois sont si grands
Et les guirlandes font un paradis de Noël

Voici le temps où les flocons sont au vent
Parmi le froid où la blanche neige étincelle
Voici l'instant où les anges sont d'argent
Sur le fabuleux sapin scintillant à Noël

Voici le temps où les toits sont blancs
Et le chœur des enfants chante Noël ! Noël !
Voici l'instant où le bonheur naît longtemps
Parmi tant de présents aux vœux éternels…

Este es el momento donde los techos son blancos

Villancico

Este es el momento donde los techos son blancos
En el emocionante universo blanco del cielo
Este es el instante donde el amor es espumoso
Y en las chozas está encantado de Navidad

Este es el momento donde el invierno vestido blanco
Y millas estrellas brillan arriba en el cielo
Este es el instante donde son ardientes corazones
En esta noche para celebrar un feliz Navidad

Este es el momento donde los techos son blancos
Y donde se mezcla la alegría a los maravillosos cantos
Este es el instante donde son grandes las emociones
Y guirnaldas hacen un paraíso de la Navidad

Este es el momento donde los copos son al viento
Entre el frío donde el blanco de la nieve chispea
Este es el instante donde los ángeles son de plata
Sobre el fabuloso abeto resplandeciente de Navidad

Este es el momento donde los techos son blancos
Y el coro de niños canta ¡Navidad! ¡Navidad!
Este es el instante donde nace mucha felicidad
Entre muchos regalos a los deseos eternos...

Baccarat d'Hiver

Triolon, Poésie du XXI

Au baccarat du ciel, étincelle
L'albe éblouie de flocons blancs
Un carrousel d'éclats de verre
Aux délicats rays d'or et d'argent
Au baccarat du ciel, étincelle
La féérie du givre fleurissant
Les ramures où s'amoncelle
L'albe éblouie de flocons blancs
Au baccarat du ciel, étincelle
Un carrousel d'éclats de verre

Aux délicats rays d'or et d'argent
Paillettes et lumière s'entremêlent
Et miroitent les étoiles d'hiver
Aux délicats rays d'or et d'argent
Au baccarat du ciel, étincelle
Un manège de neige pêle-mêle
Rondoyant dans l'albe de verre
Paillettes et lumière s'entremêlent
Aux délicats rays d'or et d'argent
Et miroitent les étoiles d'hiver

Au baccarat du ciel, étincelle
L'efflorescence d'un Noël blanc
Une pensée d'amour immortelle
Illuminée de vœux sincères
Au baccarat du ciel, étincelle
Le cristal rutilant de strass clair
La magie de glace, nictitant
L'efflorescence d'un Noël blanc
Au baccarat du ciel, étincelle
Une pensée d'amour immortelle…

Bacará de Invierno

Triolón, poesía del siglo XXI

Al bacará del cielo, chispea
La deslumbrada alba de copos blancos
Un carrusel de cascos de vidrio
A los delicados rayos de oro y plata
Al bacará del cielo, chispea
La hechicería de la escarcha floreciendo
Los ramajes donde se amontona
La deslumbrada alba de copos blancos
Al bacará del cielo, chispea
Un carrusel de cascos de vidrio

A los delicados rayos de oro y plata
Lentejuelas y luces se entrelazan
Y las estrellas de invierno rielan
A los delicados rayos de oro y plata
Al bacará del cielo, chispea
Un tiovivo de nieve revoltijo
Aleteando en el alba de vidrio
Lentejuelas y luces se entrelazan
A los delicados rayos de oro y plata
Y las estrellas de invierno rielan

Al bacará del cielo, chispea
La eflorescencia de la Navidad blanca
Una palabra de amor eterna
Iluminado de deseos sinceros
Al bacará del cielo, chispea
De estrás clara el cristal reluciente
La Magia de hielo, nictitante
La eflorescencia de la Navidad blanca
Al bacará del cielo, chispea
Una palabra de amor eterna...

Au chant du nouvel an tourne la Terre

Chanson

Quand vient la veillée à la fin d'une année entière
Après qu'une fun année se soit écoulée
A l'arrivée d'une prospère nouvelle année
Au chant du nouvel an tourne la Terre

Où chacun présente des vœux sincères
De félicité de joie d'amour et de santé
Et l'arrivée chante le nouvel an célébré
Au chant du nouvel an tourne la Terre

Au festin d'un an neuf aux destins renouvelés
Fuyant l'an ancien laissant l'année dernière
Et à minuit est née la nouvelle année
Au chant du nouvel an tourne la Terre

Qu'évente le vent naissant aux riches lumières
De tendresse de bonheur de bonne année
Et les promesses d'une fervente prospérité
Au chant du nouvel an tourne la Terre

Comme au tourbillon des jours journaliers
S'élèvent longues ondes mêlées de prières
Au chant du nouvel an tourne la Terre
Pour que les flots d'amour inondent le monde entier…

Al canto del año nuevo gira la Tierra

Canción

Durante un año entero cuando viene la nochevieja
Después que un loco año sea desaparecido
A la llegada de un próspero año nuevo
Al canto del año nuevo gira la Tierra

Donde sinceros deseos que presenta cada uno
De felicidad amor salud y alegría gulusmera
Y la llegada canta el año nuevo celebrado
Al canto del año nuevo gira la Tierra

Al festín destinos renovados de un año de locura
Huyendo el año anterior dejando el año pasado
Y a la medianoche nace el año nuevo
Al canto del año nuevo gira la Tierra

Que abanica a las ricas luces el viento naciente
De felicidad para el nuevo año y de ternura
Y las promesas de una prosperidad ferviente
Al canto del año nuevo gira la Tierra

Como al torbellino de la vida jornalera
Crecen largas ondas involucradas oraciones
Al canto del año nuevo gira la Tierra
Alrededor del mundo el amor inunda los corazones...

Index - Índice

IMPRIM'VERT®

Tous nos livres sont imprimés
dans les règles environnementales les plus strictes

Todos nuestros libros están impresos
en las más estrictas normas ambientales

ISBN : 9782322404865

Achevé d'imprimer en Décembre 2021
Completado para imprimir en Diciembre de 2021

Dépôt légal: Décembre 2021
Depósito legal: Diciembre de 2021

Prix: 13,00 €
Precio: 13,00 €